W0195815

Peter Asprion
Gefährliche Freiheit?

Peter Asprion

# Gefährliche Freiheit?

Das Ende der Sicherungsverwahrung

Unter Mitarbeit von Billy Meyer

HERDER

FREIBURG · BASEL · WIEN

**MIX**
Papier aus verantwor-
tungsvollen Quellen
**FSC® C106847**

FSC
www.fsc.org

© Verlag Herder GmbH, Freiburg im Breisgau 2012
Alle Rechte vorbehalten
www.herder.de

Satz: Layoutsatz Kendlinger
Herstellung: freiburger graphische betriebe
www.fgb.de

Printed in Germany

ISBN 978-3-451-30533-7

„Die Strafe hat den Zweck, den zu bessern, welcher straft –
das ist die letzte Zuflucht für die Verteidiger der Strafe."

Friedrich Nietzsche, Die fröhliche Wissenschaft

# Inhalt

# Vorwort

Seit etwa fünfzehn Jahren ist die Sicherungsverwahrung, die noch Anfang der 1990er-Jahre als Auslaufmodell galt, zu einem zentralen Bestandteil einer Sicherheitspolitik avanciert, die zunehmend auch das Strafrecht instrumentalisiert. Die Ausweitung der Sicherungsverwahrung in der Reform des Sexualstrafrechts 1998 eröffnete einen deutschen Sonderweg und setzte eine Dynamik in Gang, die erst durch verschiedene Urteile des Europäischen Gerichtshofs für Menschenrechte ab 2009 und schließlich durch die Entscheidung des Bundesverfassungsgerichts vom Mai des Jahres 2011 abgebremst worden ist – aus der Sicht mancher Akteure in einer rücksichtslosen Weise und die Leiden der Opfer ignorierend. Nicht abgebremst allerdings ist die Debatte, wie mit Menschen umgegangen werden soll, die als gefährlich eingeschätzt werden.

In einer persönlich gehaltenen, manchmal sehr direkten Auseinandersetzung benennt Peter Asprion die Probleme, die sich im Verlauf der Debatten um die Maßregel der Sicherungsverwahrung ergeben haben. Die Geschichten, die er hier erzählt, machen auf eine zuweilen bedrückende Art und Weise deutlich, dass Stigma und Ausgrenzung immer noch unersättliche Begleiterinnen auch eines sozialstaatlich begründeten Strafvollzugs sind. Aus mehreren Perspektiven schildert Asprion verschiedene Lebensstationen und die heutige Situation der Menschen, die aus der Sicherungsverwahrung freigegeben worden sind. Obwohl sie kaum für die Opferrolle geeignet scheinen, wird das Elend der deutschen Heimerziehung in den 1950er-, 1960er- und 1970er-Jahren auch in den Geschichten von Sicherungsverwahrten sichtbar. Es zeigt sich: Sie tragen dieselben Narben in sich wie diejenigen, deren Lebensweg nach den „Wohltaten" der Heimerziehung nicht durch Gewalt gezeichnet ist. Kriminologische Lebenslaufperspektiven treffen in Peter Asprions Buch auf Analysen von Sachverständigen und auf Gefährlichkeitsprognosen, die nicht nur dann Problempotenzial in sich tragen, wenn sie von „Dr. Tod" in Texas abgegeben werden.

Darüber hinaus zeigt das Buch, dass sich unsere Gesellschaft in ihrer Wahrnehmung des Themas Sicherheit und in ihrem Umgang damit gewandelt hat. Sicherheit ist zu einem Leitmotiv von Entscheidungen auf allen Ebenen geworden, was zwar verständlich ist – und Peter Asprion bringt hierfür fast zu viel Verständnis auf –, aber allein deshalb noch lange nicht in Ordnung. Denn ebenso, wie es nie genug Sicherheit geben wird, wird es auch immer zu viel Kriminalität geben. Ganz anders als etwa bei der Verkehrssicherheit findet sich im Umgang mit Kriminalität ein schier unerschöpfliches Reservoir an Gefühlen, das ab Mitte der 1990er-Jahre in immer effizienterer Art und Weise mobilisiert werden konnte. Kampagnen der Vierbuchstaben-Zeitung – „Schämt Euch Ihr Richter" – befeuern kriminalpolitische Reformen, die Sicherheit dadurch versprechen, dass Einzelne hart angefasst werden. Nachweise dafür, dass die Sicherungsverwahrung dieses Versprechen gar nicht einlösen kann, finden sich in diesem Buch.

Die Beschäftigung mit Angst und Furcht ist ebenso verständlich, wie es die Beschäftigung mit Risiken und Gefahren sowie mit Versuchen ist, Gefahren vorherzusagen und abzuwehren. Das Buch gibt jedoch einerseits zu bedenken: Wir werden ganz sicher nicht an dem sterben, wovor wir die meiste Angst haben. Und zum anderen regt es zum Nachdenken darüber an, ob es tatsächlich Angst und Unsicherheitsgefühle sind, die den Umgang mit entlassenen Sicherungsverwahrten antreiben, oder ob sich hier nicht vielmehr ein Ventil für Wut und Ärger geöffnet hat.

Peter Asprion geht auch auf die Reaktionen auf die Entscheidung des Europäischen Gerichtshofs für Menschenrechte ein und dokumentiert die verbissenen Versuche, die Wirkungen der Straßburger Entscheidung zu verhindern. Selbstverständlich ist Deutschland dazu verpflichtet, die Entscheidungen des EGMR in vollem Umfang zu implementieren. Allerdings hat man hierzulande vor allem mit dem Therapieunterbringungsgesetz, das besser als Gesetz zur Verhinderung der Umsetzung der Straßburger Entscheidungen zur Sicherungsverwahrung hätte bezeichnet werden sollen, dem europäischen Menschenrechtsschutz keinen Dienst erwiesen.

Professor Dr. Hans-Jörg Albrecht

# Gefährliche Freiheit?

Meine Tochter hatte als Kind Hefte, in denen Formen und Figuren mit Buntstiften ausgemalt werden sollten. Akkurat machte sie sich ans Werk und ärgerte sich immer, wenn sie versehentlich über die Begrenzungslinien hinausmalte. Dann musste der Radiergummi ran oder ein Instrument, das sich sinnigerweise „Tintenkiller" nannte. Manchmal so heftig, dass das Blatt im Heft „durchradiert" wurde und ein Loch bekam. Das folgenschwere Ergebnis war, dass die Basis für das schöne Bild zerstört war.

Seit dem Urteil des Europäischen Gerichtshofs für Menschenrechte im Dezember 2009 ist die Sicherungsverwahrung in der öffentlichen Debatte zum kriminalpolitischen Thema Nummer eins geworden. Wegen Verstößen gegen die Menschenrechtskonvention mussten für gefährlich gehaltene Straftäter aus der Verwahrung entlassen werden. In einem grundlegenden Urteil im Mai 2011 hat das Bundesverfassungsgericht die bisherige Praxis der Sicherungsverwahrung für verfassungswidrig erklärt. Vielleicht verhindert dieses Urteil, dass die grundrechtliche Basis für unser freiheitliches Zusammenleben von nicht menschenrechtskonformen Gesetzen durchlöchert wird, wie das Bild meiner Tochter vom „Tintenkiller".

Um was und wen geht es bei der Debatte um die Sicherungsverwahrung? Leben unter uns Monster und Bestien, die verwahrt werden müssen? Oder sind das verletzte und benachteiligte Menschen, die ungerechtfertigt verwahrt werden? Mein Anliegen ist, diesen Menschen auf die Spur zu kommen. Ich gehe der Frage nach, ob wir Angst haben müssen, weil Freiheit für diese Menschen – oder für uns – gefährlich sein kann.

Ich habe mich entschieden, die Seite der Täter zu beschreiben, wobei ich mir bewusst bin, dass meine ausschließliche Perspektive auf die Täter für Opfer einer Straftat schwer erträglich sein kann. Und ich bedaure dies. Opfer von Straftaten brauchen Unterstützung, Hilfe und Trost. Dass dies manchmal nicht ausreichend geleistet wird, ist traurig und ein Versäumnis unserer Gesellschaft und der Politik. Das wird sich aber nicht dadurch ändern, dass keine Arbeit mit Tätern geleistet wird.

„Alles fließt", und so wird auch diese Debatte sich fortsetzen. Ich habe die Entwicklung und meine Erfahrungen bis Ende Oktober 2011 hier aufgenommen. Bis Sie diese gelesen haben, wird wieder einige Zeit vergangen und mögliche neue Aspekte diskutiert worden sein.

Wie Sie als Leserin und Leser für sich die Frage „Gefährliche Freiheit?" beantworten, bleibt letztlich Ihnen überlassen. Einerseits mag manchem die Freiheit für die entlassenen Verwahrten nach wie vor als zu gefährlich vorkommen, andererseits wird es aber keine Freiheit ohne Risiko geben können. Auf jeden Fall muss unser staatliches Handeln den Normen der Menschenrechtskonvention entsprechen.

# Spiel nicht mit den Schmuddelkindern

Ziemlich sicher hat mein Großvater weder Franz-Joseph Degenhardt noch dessen Lied von den Schmuddelkindern gekannt. Gesagt hat er zu mir trotzdem: „Zu denen gehst du nicht hin!"

Aufgewachsen in einem kleinen Dorf und von dort in ein streng katholisches Internat zum Schulbesuch geschickt, hatte mein Großvater Sorge um mich, als sich im Dorf eine kleine Initiative ansiedelte, die sich um drogenabhängige junge Menschen kümmerte. Es war die Zeit der späten Achtundsechziger, und ich selbst war damals zumindest äußerlich infiziert, mit langen Haaren und der Musik der jungen Generation in den Ohren: nach bürgerlichen Maßstäben ein „Gammler". Mein dörflich geprägter Großvater, und nicht nur er, hatte Sorge, dass der Kontakt mit den suspekten neuen Dorfbewohnern sich schädlich auf mich auswirken würde. Also wurde mir der Umgang mit den neuen Dorfbewohnern verboten.

Selbstverständlich habe ich mich nicht an das Verbot gehalten und so einige Menschen in meinem Heimatdorf kennengelernt, die, wie ich, zwischen 16 und 20 Jahre alt waren, sich in ihrer Biografie und vor allem in ihrer sozialen Auffälligkeit von mir unterschieden, was ich einerseits aufregend und abenteuerlich, andererseits aber auch beängstigend empfand. Sie hatten harte Drogen konsumiert, waren von Krankheiten wie Hepatitis beeinträchtigt, manche hatten schwere Straftaten wie Raub, Diebstahl oder Körperverletzungen begangen. Neben ihnen kam ich mir vor wie ein „kleiner Fisch". Ich hatte zwar im jugendtypischen Umfang zusammen mit Internatsfreunden kleinere Diebstähle begangen und war dabei erwischt und polizeilich behandelt worden. Eine jugendrichterliche Ermahnung hatte mich aber beeindruckt und von Schlimmerem abgehalten.

Neben meiner Faszination für die meist jugendlichen, drogenabhängigen Straftäter spürte ich damals schon die Ausgrenzung, die sie erfuhren, etwa in der Distanz der Dorfbewohner. Aus meiner damaligen Sicht erkannte ich aber auch den Zwiespalt zwischen der juristischen Verfolgung solcher Menschen und der sozialen, psychischen und medizinischen Hilfe, die sie doch ganz offensichtlich brauchten.

Was mir auf jeden Fall aus diesen Begegnungen geblieben ist, ist eine Sensibilität für Ausgrenzung und Benachteiligung und eine innere Empörung dagegen. Früh entwickelte ich den festen Willen, mich dem zu widersetzen und mich zu engagieren. Und das dürfte ein wesentlicher Impuls für meine Berufswahl in die Sozialarbeit gewesen sein. Nach Abitur und Zivildienst nahm ich das Studium der Sozialarbeit mit dem Ziel auf, besonders benachteiligte Menschen wie Drogenabhängige oder Straftäter zu unterstützen, sodass diese integriert und akzeptiert in unserer Gesellschaft leben können.

## Erste Begegnung mit dem Rand

Aus der Initiative in unserem Dorf, die mich in jungen Jahren beeindruckt und mit drogenabhängigen Menschen in Kontakt gebracht hat, ist inzwischen eine anerkannte Fachklinik für die Behandlung von drogenkranken Menschen geworden.[1] Heute haben die Einwohner in meinem Heimatdorf mit der Existenz dieser Einrichtung und ihren Patienten auch keine Probleme mehr. Sie gehören dazu, sind integriert, und die Dorfbewohner gehen in der Klinik einkaufen.

Mein beruflicher Weg führte mich in den Strafvollzug; mit der Freiburger Justizvollzugsanstalt lernte ich eine Einrichtung kennen, die seit 1875 Straftäter gefangen hält und sich dabei an den jeweiligen politischen, gesellschaftlichen Ideen und Vorgaben orientiert. Die Anstalt hat das Kaiserreich und den Reichskanzler Otto von Bismarck genauso erlebt und überstanden wie die Weimarer Republik und den Nationalsozialismus. Mit dem 1977 in Kraft getretenen Strafvollzugsgesetz wurde die Anstalt erstmals mit reformorientierten Ideen für den Umgang mit den Gefangenen und dem Ziel ihrer Integration konfrontiert. Frühere, ähnliche Ideen und Entwürfe aus der Weimarer Zeit konnten sich nicht durchsetzen und wurden von den Nationalsozialisten abgewürgt.

Meine Vorstellungen von Behandlung und Umgang mit Straftätern, die sich an Ideen abolitionistischer Denker wie Thomas Matthiesen oder Nils Christie[2] orientieren, waren und sind für eine klassische Strafanstalt eher fremd. Auch reformorientierte Initiativen, wie die Sozialpolitischen Arbeitskreise (SPAK) oder die Ansätze einzelner Juristen, die sich als Vertreter einer kritischen Kriminologie verstehen, konnten sich bis heute kaum durchsetzen.

In den unterschiedlichen Formen der Haft erlebte ich vor allem eines: viel menschliches Leid. Ursache waren Inhaftierte mit ihren strafbaren Handlungen, die jetzt in der Konsequenz einem repressiven Strafsystem ausgesetzt waren. Oft erfuhr ich im Gefängnis auch von traumatisierenden Verletzungen der Täter, die ihr bisheriges Leben lang unbeachtet geblieben waren.

Ich begegnete Untersuchungsgefangenen, die von jetzt auf gleich aus ihrem gesamten sozialen Umfeld gerissen und in einer Abgeschiedenheit von der Welt festgehalten werden, die manchen für sein Leben beschädigt. Ich begegnete Strafgefangenen, denen sich die Reform des Strafvollzugs 1977 vor allem in Form eines um sich greifenden Rechtsmittelsystems zeigte, das nicht zuletzt immer auch der Absicherung der Verantwortlichen des Systems dient und die Gefangenen als Mitmenschen kaum beachtet. Ich sah Strafgefangene mit langen Freiheitsstrafen, ich sah Sicherungsverwahrte, denen hohe Gefährlichkeit unterstellt und aus diesem Grund eine

Rückkehr in die menschliche Gemeinschaft verwehrt wird. Häufig begegnen mir auch Menschen, die vor der Entlassung aus der Haft stehen und die in dieser Situation mit ihren Ängsten konfrontiert sind, insbesondere mit der Frage, ob sie es überhaupt noch schaffen werden, selbständig in Freiheit zu leben. Sie wissen um die Ängste ihrer Umgebung und deren Misstrauen. Sie kennen aber auch ihre eigene Unzulänglichkeit.

## Sozialarbeit hinter Gittern

> *„Wenn wir die Menschen nur nehmen,*
> *wie sie sind, so machen wir sie schlechter.*
>
> *Wenn wir sie behandeln, als wären sie, wie sie sein sollten,*
> *so bringen wir sie dahin, wohin sie zu bringen sind."*
>
> Johann Wolfgang Goethe

Nach dreißig Berufsjahren bin ich überzeugt: Die Haltung, die Goethe hier formuliert, erzielt eine positive Wirkung. Wesentlich, um überhaupt wirksam mit Straffälligen arbeiten zu können, ist die Bereitschaft, miteinander in Kontakt und in Beziehung zu treten. Diese, ich will es Beziehungspflege nennen, fällt dem Gefängnis schwer, denn nach wie vor handelt es sich um eine Organisation, deren Struktur sich am ehesten noch am militärischen Gehorsamsgedanken orientiert.

Trotzdem ist es mir als „Knastsozialarbeiter" oft gelungen, den Kontakt zu den Gefangenen aufzubauen und eine Arbeitsbeziehung herzustellen, geprägt von gegenseitigem Respekt und Vertrauen. Ein Indiz hierfür war die geringe Missbrauchsquote bei Maßnahmen, die ich mit Inhaftierten außerhalb der Gefängnismauern durchführen konnte. Dabei handelte es sich z.B. um mehrtägige Seminare erlebnispädagogischer Ausprägung, Meditationstage, Familienseminare oder auch Väter-Kinder-Tage. Die Gefangenen akzeptierten ein

Rahmenprogramm, sicherten ihre Mitarbeit und korrekte Rückkehr in das Gefängnis zu und erhielten in der Regel auf diesem Weg ihre ersten Lockerungen aus dem Strafvollzug. Nicht selten früher, als sie sie sonst hätten erwarten können. In seiner übermäßig verrechtlichten Absicherungstendenz hat der Strafvollzug es inzwischen erreicht, dass Inhaftierte oft erst zeigen müssen, dass sie solcher Maßnahmen würdig sind, bevor sie ihnen bewilligt werden. „Heilung" als Voraussetzung für Behandlung?

## Bewährungshilfe – eine Alternative

Nach siebzehn Jahren als Sozialarbeiter im Gefängnis wollte ich eine andere Perspektive einnehmen und wechselte in die Bewährungshilfe. Bis Ende 2006 stand die Bewährungshilfe in Baden-Württemberg in der Trägerschaft des Justizministeriums und war den jeweiligen Landgerichten angegliedert. Seit 2007 ist diese Aufgabe an die NEUSTART gGmbH als privater Organisation übertragen.[3]

Die grundlegende Vorgabe für Bewährungshelfer ist § 56 d, Absatz 3 des Strafgesetzbuchs, wo es heißt: „Die Bewährungshelferin oder der Bewährungshelfer steht der verurteilten Person helfend und betreuend zur Seite. Sie oder er überwacht im Einvernehmen mit dem Gericht die Erfüllung der Auflagen und Weisungen sowie der Anerbieten und Zusagen und berichtet über die Lebensführung der verurteilten Person in Zeitabständen, die das Gericht bestimmt. Gröbliche oder beharrliche Verstöße gegen Auflagen, Weisungen, Anerbieten oder Zusagen teilt die Bewährungshelferin oder der Bewährungshelfer dem Gericht mit."

Auch wenn es sich etwas antiquiert liest, mir gefällt die Formulierung des „zur Seite stehen". Setzt das doch voraus, dass wir in Kontakt treten und einen Weg miteinander gehen. Für den Bewährungshelfer bedeutet das zunächst, den Verurteilten erkennen zu lassen, dass er ihm zur Seite steht und ihm nicht vorrangig „im Genick sitzt", wie es mancher befürchten mag. Meist gelingt dieser Weg mit den Klienten erfolgreich: In über achtzig Prozent der Fälle wird die Bewährung vom Gericht mit dem Erlass der Strafe beendet. Und dies gilt auch für Verurteilte, die der Führungsaufsicht unterstellt sind und für die es im § 68a, Absatz 2, Strafgesetzbuch heißt: „Die Bewährungshelferin oder der Bewährungshelfer und die Aufsichtsstelle stehen im Einvernehmen miteinander der verurteilten Person helfend und betreuend zur Seite."

Unter Führungsaufsicht stehen Verurteilte in der Regel nach der vollständigen Verbüßung einer Freiheitsstrafe von mehr als zwei Jahren oder nach der Entlassung aus einer Maßregel der Besserung und Sicherung, zu denen die Sicherungsverwahrung zählt.

Die Entlassung einiger Männer aus der Sicherungsverwahrung aufgrund des Urteils des Europäischen Gerichtshofs für Menschenrechte vom Dezember 2009 hat Politik, Medien, Justiz, Polizei und in der Folge eine Vielzahl der Bürgerinnen und Bürger in Deutschland in einer Art und Weise beschäftigt, wie zuvor lange kein juristisches Thema. Dem Urteil war eine Welle gesetzgeberischer Versuche vorausgegangen, mit denen Sicherheit vor Sexualstraftätern geschaffen werden sollte, was letztlich vor allem zu einer Dämonisierung einer kleinen Gruppe von Straftätern führte.

### Ein Gericht in Straßburg fordert heraus

Seit September 2010 betreue ich als Bewährungshelfer fünf dieser ehemals Sicherungsverwahrten. Manches, was ich in dieser Zeit erlebte, hätte ich auch nach dreißig Jahren beruflicher Arbeit mit verurteilten Menschen nicht für möglich gehalten. Es beschäftigen mich seither Fragen wie:

• Respektieren wir in Deutschland die Menschenrechte?
• Wie viel Risiko kann und muss unsere Gesellschaft ertragen?

- Gilt unser Sozialstaatsprinzip denn auch für den Umgang mit Straftätern?
- Was sollen wir mit diesen Menschen tun und was können wir tun?

Neben der Frage nach dem Leid der Opfer ist auch die Frage nach dem Leid der Täter zu stellen. Als Konsequenz ihrer Taten erfahren sie „Leid", in Form von Freiheitsentzug und beschämenden, stigmatisierenden Behandlungen.

Ich bezweifle, dass es eine Welt ohne Leid geben kann. Leid gehört zum menschlichen Leben. Indem ich akzeptiere, dass es Verbrechen gibt, ebenso wie Tod, Krankheit, Verletzungen, und dass dies alles zur menschlichen Natur gehört, ohne einen Satan oder sonst das „Böse" zu bemühen, ermögliche ich einen rationalen und mitfühlenden Umgang mit den Betroffenen. Dies gilt auch für diejenigen, die anderen Schlimmes antun. Mediatorisch verstanden, ist dies eine allparteiliche Position.

Die kühle Verrechtlichung des Strafvollzuges will ich nicht als vom Schicksal vorgezeichnet akzeptieren; denn hier wird mit rationalen Begründungen Leid geschaffen und, oft verborgen, Vergeltung gesucht. Ich hingegen wünsche mir wieder mehr vom Geist der Aufklärung. Cesare Beccaria, der große italienische Aufklärer, hat wesentliche Erkenntnisse aus seinen Beobachtungen in Gefängnissen gewonnen und Schlüsse gezogen, die er in seinem Hauptwerk darstellte.[4] Absichtliches Zufügen von Leid, im staatlichen Auftrag und mit vordergründig rationalen Begründungen, empört mich. Ich bin überzeugt, dass hier die Grundregeln der Menschenrechtskonvention den Einzelnen vor dem Staat und seinen ausführenden Organen schützen müssen.

Meine Forderung, dass der Staat kein Leid zufügen darf, rechtfertigt für mich den Gedanken der Abschaffung der Gefängnisse. Die meisten Insassen haben geringfügige Straftaten begangen; der Großteil sitzt wegen Eigentumsdelikten im eher

kleineren Umfang, viele wegen selbstschädigender Drogende-
likte. Ein mögliches Konzept habe ich an früherer Stelle skiz-
ziert: Mein Vorschlag war, die Gefängnisse aufzulösen. Eine
Forderung, die den Menschen jedoch Angst bereitet, weshalb
in einem ersten Schritt diejenigen entlassen werden könnten,
die Eigentumsdelikte begangen haben, ohne andere körperlich
anzugreifen oder zu verletzen. Die 500 „gefährlichsten,
schlimmsten, bösesten" werden noch festgehalten, aber nicht
in einem Gefängnis mit dem Ziel der Bestrafung oder Besserung, sondern unter angenehmen Bedingungen. Man spricht
mit ihnen, beobachtet sie und versucht, Erkenntnisse aus ihren
Erfahrungen zu gewinnen. Wie sind sie geworden, was sie geworden sind? Und wenn ein Gericht den 501. verurteilt, der
festgehalten werden soll, muss erst entschieden werden, welcher von den 500 bereits Festgehaltenen entlassen wird. [5]

# Wir schaffen uns unsere Dämonen

*„Es ist richtig,*
*wenn Politiker immer wieder behaupten:*
*Der Mensch ist Mittelpunkt.*

*Falsch ist nur die Schreibweise:*
*Der Mensch ist Mittel. Punkt."*

Dieter Hildebrandt

Am 1. Januar 2009 wurde die Sicherungsverwahrung 75 Jahre alt. Es sollte ein aufregendes Jubiläumsjahr für diese Maßregel der Besserung und Sicherung werden. Zum einen für die Verwahrten selbst, zum anderen für die Verantwortlichen in Justiz und Politik. Je nach Sichtweise handelt es sich um die Geschichte der Eliminierung von Bestien zur Sicherheit der Bürgerinnen und Bürger oder um eine irrationale Dämonisierung einer kleinen Gruppe von Menschen.

## Säuberung der Volksgemeinschaft

Am 1. Januar 1934 trat das „Gesetz gegen gefährliche Gewohnheitsverbrecher und über Maßregeln der Sicherung und Besserung", üblicherweise als Gewohnheitsverbrechergesetz bezeichnet, in Kraft. Die Nationalsozialisten hatten Vorüberlegungen aus der Weimarer Zeit aufgegriffen, die auf den Strafrechtler Franz von Liszt[6] zurückgehen. Von Liszt hatte eine Abkehr vom Vergeltungsgedanken hin zu einer Resozialisierung der Täter, zu einer Verbesserung der Kriminalprävention und zur Integration von Straftätern gefordert. Dabei ging er von einem kleinen Kreis von Straftätern aus, die er als unverbesserliche Hangtäter zu erkennen glaubte, die dauerhaft verwahrt sein sollten.

Franz von Liszt, der 1919 verstarb, gilt als Begründer der spezialpräventiven Straftheorie. Seine Grundgedanken waren Meilensteine einer fortschrittlichen Kriminalpolitik und sind heute noch gültig. Glücklicherweise musste er nicht mehr erleben, was die Nationalsozialisten aus seinem Konzept machten, denen Straftäter lediglich als Mittel zum Zweck galten; sie dienten dem Ziel, die nationalsozialistische Weltanschauung in möglichst vielen Bereichen durchzusetzen. Dazu gehörte die „Säuberung der Volksgemeinschaft". So diente das Gewohnheitsverbrechergesetz vor allem der Ausmerzung von „verbrecherischen Schädlingen". In der Gesetzesbegründung wurde der „Gewohnheitsverbrecher" mit einem nicht näher beschriebenen „Hang" zum Verbrechen beschrieben. Eine im Diffusen gehaltene Tätergruppe wurde offensichtlich damals schon als hervorragend geeignet angesehen, um menschenverachtende Begrifflichkeiten einzuführen und menschenrechtsverletzende Maßnahmen umzusetzen.

## Cineastischer Weitblick

1931 erscheint in den Kinos der Film „M – eine Stadt sucht einen Mörder".[7] Der Regisseur Fritz Lang schuf damit nicht nur einen der ersten Tonfilme, man kann in diesem Film auch eine Ahnung des kommenden Dritten Reichs erkennen. In einer Stadt verbreitet ein unbekannter Kindermörder Angst und Schrecken. Und da er nicht gefasst werden kann und immer weitere Kinder ermordet werden, nimmt neben der Polizei auch die Unterwelt seine Verfolgung auf. Zum einen steht eine hohe Belohnung in Aussicht, zum anderen stören die intensiven polizeilichen Maßnahmen die eigenen Geschäfte. Die Nervosität der Bevölkerung wächst, man steigert sich in gegenseitige Verdächtigungen und anonyme Anzeigen hinein.

Der Film zeigt die gesellschaftliche Struktur jener Zeit: Unterwelt und Polizei arbeiten mehr oder weniger mit ähnlichen Methoden, sie „kooperieren" beinahe. Der Staat wird weitgehend unterwandert, man verspricht, wieder Ordnung zu schaffen; ein erster Schritt wäre da die Eliminierung des besonders Bösen, des Kindermörders. Im Grunde wendet sich der Film gegen Lynchjustiz, er tritt für die Einhaltung rechtlicher Grundregeln ein. Die Gerichtsverhandlung, die in einer späteren Fassung des Films nicht mehr enthalten ist, nimmt die Praxis des Volksgerichtshofs vorweg: „Hier kommst du nicht mehr raus (…). Unschädlich bist du nur, wenn du tot bist." Am Ende des Films lässt Lang die Mutter eines Kindes warnend rufen: „Man muss eben noch besser auf die Kinder achtgeben … Ihr!" Damit könnte auch die Vorsicht gegenüber dem Nationalsozialismus gemeint gewesen sein, vor dem die Demokratie geschützt werden muss.[8] Und Fritz Lang zeigt, wie Politik Menschen als Mittel zur Machtausübung missbraucht. Sexualstraftäter waren damals schon eine besonders geeignete Gruppe, um (noch) verdeckte Ziele zu verfolgen.

### Anwendung der Sicherungsverwahrung

Die Justiz wandte im Dritten Reich die Sicherungsverwahrung zunächst sehr umfangreich an; schon damals bestand die Möglichkeit einer nachträglichen Anordnung. Später nahm die Zahl der Anordnungen ab, die Sicherungsverwahrung wurde letztlich durch die Todesstrafe ersetzt. Die folgende Abbildung stellt die Fallzahlen der damaligen Anordnung der Sicherungsverwahrung dar.

| Jahr | 1934 | 1935 | 1936 | 1937 | 1938 | 1939 | 1940 | 1941 | 1942 |
|------|------|------|------|------|------|------|------|------|------|
| Zahl | 3723 | 1464 | 946 | 765 | 964 | 1827 | 1916 | 1651 | 1095 |

*Anordnung der Sicherungsverwahrung 1934–1942 (nach Hellmer, 1961)*

Unabhängig davon, dass das Gewohnheitsverbrechergesetz auf der Grundlage des Ermächtigungsgesetzes ohne Einbezug des Parlaments von der Reichsregierung erlassen worden war, haben die Alliierten nach dem Krieg die Vorschriften über die Maßregeln der Besserung und Sicherung im Wesentlichen weiter gelten lassen. Gestrichen wurden lediglich die Maßregel der Kastration, die nachträgliche Sicherungsverwahrung und die Todesstrafe.

## Strafrechtsreformen

Geändert wurde das Recht der Sicherungsverwahrung 1969 mit dem 1. Strafrechtsreformgesetz. Zuvor war 1953 die Möglichkeit der Anordnung von Sicherungsverwahrung gegen Jugendliche und Heranwachsende aus dem Jugendgerichtsgesetz herausgenommen bzw. nicht wieder aufgenommen worden. Man vertraute inzwischen wieder eher den erzieherischen Möglichkeiten, nachdem die Nationalsozialisten noch 1939 auch für diesen Personenkreis die Sicherungsverwahrung eingeführt hatten.

Untersuchungen hatten ergeben, dass vor allem eher lästige denn gefährliche Täter in der Sicherungsverwahrung untergebracht waren. Siebzig bis achtzig Prozent der Verwahrten wurden wegen eher geringfügigen Eigentumsdelikten zum Teil über Jahre verwahrt. Dies hatte im Reformklima der 68er Bedenken gegen diese Maßnahmen hervorgerufen. Das Erste Gesetz zur Reform des Strafrechts von 1969 schränkte die Sicherungsverwahrung deutlich ein. Die Voraussetzungen für die Anordnung wurden angehoben, die maximale Verwahrdauer bei erstmaliger Verhängung auf zehn Jahre festgesetzt und die Verhängung gegenüber Heranwachsenden explizit ausgeschlossen.

## Gerhard Schröders Forderung

Nach der Strafrechtsreform von 1969 führte die Sicherungsverwahrung ein vergleichsweise bescheidenes Dasein. Erst in den Neunzigerjahren, ausgelöst durch einige spektakuläre Kriminalfälle, wie beispielsweise der des belgischen Mörders und Sexualstraftäters Marc Dutroux, änderte sich das kriminalpolitische Klima in Deutschland. „Volkes Stimme" auf den Punkt brachte Kanzler Gerhard Schröder 1998 mit seiner vielzitierten Forderung: „Sexualstraftäter – Wegsperren für immer!"

Die zahlenmäßige Entwicklung der gefährlichen Delikte zwischen 1969 und 2010 stellt sich allerdings so dar:

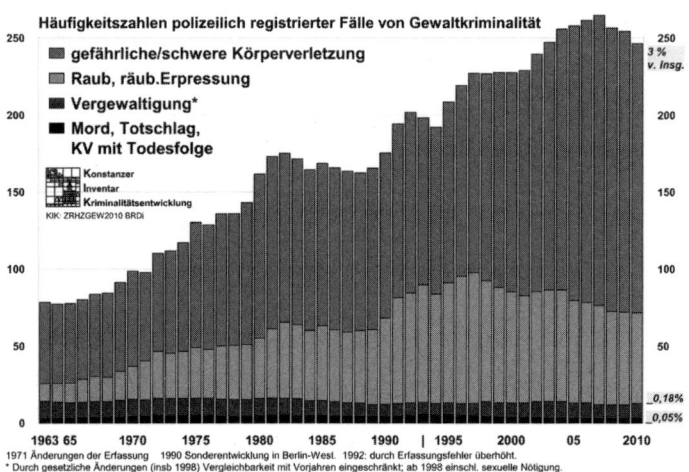

*Entwicklung der Gewaltkriminalität, Spiess, Gerhard (Konstanzer Inventar Kriminalitätsentwicklung[9])*

Die Zahl der Sexualdelikte hat nicht zugenommen, im Gegenteil: Gerade die Zahl schwerster Sexualdelikte ist seit Langem und kontinuierlich rückläufig.

Deutlich gesunken ist die Zahl der Opfer von Sexualmorden unter vierzehn Jahren. In der Zeit von 1971 bis 1980 wurden 84 junge Menschen unter vierzehn Jahren missbraucht und getötet. In den Achtzigerjahren wurden noch 48 Opfer registriert, in den Neunzigern waren es 35 Kinder, und von 2000 bis 2009 sank die Zahl auf 28 Fälle.

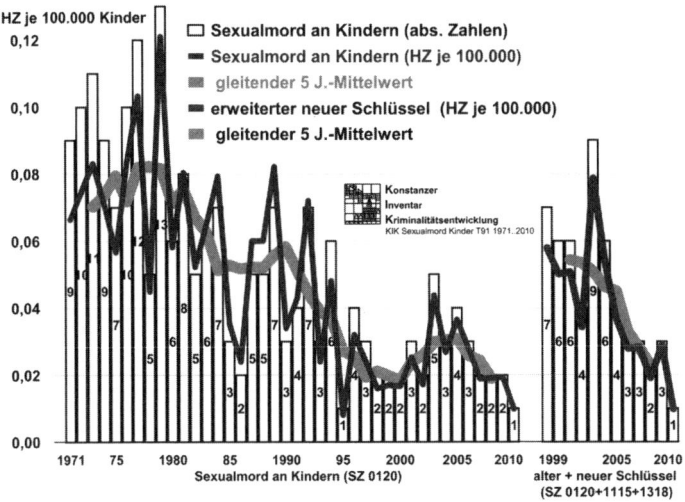

*Entwicklung registrierter Sexualmorde an Kindern (Spiess a.a.O.)*

Doch gänzlich unabhängig von der tatsächlichen Entwicklung gab das „Gesetz zur Bekämpfung von Sexualdelikten und anderen gefährlichen Straftaten", das am 31. Januar 1998 in Kraft trat, den Startschuss für eine beispiellose Gesetzgebungswelle. In der Begründung für die Gesetzesinitiative der Fraktionen von CDU und FDP hieß es in der Bundestagsdrucksache 13/7163 unter Punkt A. „Problem" lapidar: „Die in letzter Zeit bekanntgewordenen schweren Straftaten, insbesondere an Kindern begangene Sexualdelikte, haben gezeigt, dass der Schutz der Bevölkerung vor Sexualdelikten und anderen gefährlichen Straftaten verbessert werden muss."

Die tatsächlichen Zahlen dürften den Abgeordneten wohl nicht bekannt gewesen sein, anders lässt sich eine solche Aussage kaum erklären. Konsequenterweise erhielt dieses Gesetz in Fachkreisen denn auch den Alias-Namen „Sexualstraftäterbekämpfungsgesetz". Berichte der Medien, für die „Sex and Crime" nach wie vor auflagensteigernde Themen sind, steigerten die dämonisierende Wirkung des Gesetzes.

27

Die wesentlichsten Änderungen, die im Rahmen des neuen Gesetzes festgelegt wurden, waren:

- Die Zehnjahresfrist als Höchstgrenze für die Sicherungsverwahrung entfällt.
- Die Zehnjahresfrist wird auch rückwirkend für bereits Verurteilte aufgehoben.
- Es gibt die Möglichkeit der Anordnung auch bei Ersttätern.
- Die nachträgliche Anordnung der Sicherungsverwahrung aufgrund von Erkenntnissen während der Haft wird möglich.
- Das urteilende Gericht kann eine vorbehaltene Anordnung der Sicherungsverwahrung im Urteil festlegen.
- Die Anordnung für nach Jugendrecht Verurteilte ist wieder möglich.

Derart unübersichtlich geriet die Fülle der gesetzlichen Änderungen, dass Jörg Kinzig, der seit Jahren zum Thema Sicherungsverwahrung forscht, resümiert, „dass ein eigenes, nur noch Eingeweihten in glücklichen Stunden verständliches Rechtsgebiet entstanden (ist): das der Sicherungsverwahrung".[10] Hinweise aus Wissenschaft und Praxis, die den Nutzen der Regelungen bezweifelten und Bedenken aus verfassungsrechtlichen und menschenrechtlichen Überlegungen äußerten, wurden ignoriert.

2004 hatte das Bundesverfassungsgericht in einem grundsätzlichen Urteil im Wesentlichen sein Plazet zu den Regelungen des Gesetzes von 1998 gegeben und damit den Weg für die nachträgliche Sicherungsverwahrung eröffnet. Sie darf seitdem bereits bei Ersttätern angeordnet werden; eine Regelung, die sogar auf Jugendliche Anwendung finden kann.

Die gesetzlichen Änderungen durch die Strafrechtsform und das Gesetz von 1998 haben zur Folge, dass nach einer Abnahme der Anordnungen der Sicherheitsverwahrung diese wieder zunimmt und sich auf die Gruppe der Sexualdelikte konzentriert.

Das Ab und Auf der Anordnung von Sicherungsverwahrung zeigt die folgende Abbildung:

| Jahr | Zahl der An- ordnungen | Sexual- delikte | | Raub | | Person | | Eigentums- u. Vermögens- delikte | | Sonstige | |
|---|---|---|---|---|---|---|---|---|---|---|---|
| 1959 | 230 | 37 | 16,1% | 11 | 4,7% | 2 | 0,9% | 177 | 77,0% | 3 | 1,3% |
| 1969 | 219 | 29 | 13,3% | 11 | 5,0% | 5 | 2,3% | 172 | 78,5% | 2 | 0,9% |
| 1979 | 44 | 15 | 34,0% | 4 | 9,0% | 6 | 13,6% | 16 | 36,4% | 3 | 6,8% |
| 1990 | 31 | 7 | 22,6% | 13 | 41,9% | 4 | 12,9% | 5 | 16,1% | 2 | 6,5% |
| 2000 | 60 | 17 | 28,3% | 17 | 28,3% | 12 | 20,0% | 7 | 11,7% | 7 | 11,7% |
| 2007 | 79 | 43 | 54,4% | 15 | 19,0% | 10 | 12,7% | 7 | 8,9% | 4 | 5,1% |

*Anordnung von Sicherungsverwahrung im Bundesgebiet (Michael Alex 2010)*

## Kriminologische Sicht

Professor Christian Pfeiffer, Direktor des Kriminologischen Forschungsinstituts in Hannover, äußert sich zur Frage der Häufigkeit und Ursache von Sexualmorden an Kindern so: „Anfang der siebziger Jahre hatten wir noch 16 bis 18 solcher Taten im Jahr, in den letzten fünf Jahren waren es jeweils nur noch vier. Brutale ‚Sextäter‘ sind meist nicht so geboren, sondern gemacht worden. Sie haben in aller Regel eine ‚Horrorgeschichte von innerfamiliärer Gewalt mit schlimmsten Opfererfahrungen‘ hinter sich.“

Umgekehrt dazu stehe die öffentliche Wahrnehmung in krassem Gegensatz zu diesen Befunden. Bei repräsentativen Befragungen behaupteten die Teilnehmer, die Zahl der Sexualmorde sei von früher jährlich 32 auf 209 gestiegen. Diese Diskrepanz erklärt Professor Pfeifer mit der intensivierten Berichterstattung über solche Fälle, die zur Unterhaltungsware werden.[11]

Wenn wissenschaftliche Erkenntnisse solch klare Aussagen zu Fragen der Häufigkeit und Prävention zulassen, bleibt die Frage, weshalb die Politik derart hysterisch agiert. Der Kriminologe Michael Alex stellt zusammenfassend fest, dass „es –

abgesehen von im Vergleich zu Deutschland ähnlichen Entwicklungen in der Schweiz und in Frankreich – in keinem europäischen Land seit den 90er Jahren des vorigen Jahrhunderts vermehrte Anstrengungen gegeben hat, die Hürden für ein dauerhaftes ,Wegsperren' vermeintlich hoch gefährlicher, nicht behandelbarer Rückfalltäter zu senken. Vielmehr scheint es sich bei den Gesetzesänderungen seit 1996 um einen spezifisch deutschen Weg zur Behandlung einer nicht ganz neuen Problematik zu handeln, der ausschließlich auf eine Veränderung des gesellschaftlichen Klimas zurückzuführen ist und nichts mit einer Bedrohung durch Gewalt- oder Sexualdelinquenz zu tun hat."[12] Konsequent und drastisch bezeichnet er die nachträgliche Sicherungsverwahrung als „rechtsstaatliches und kriminalpolitisches Debakel".

## Sozialpolitik oder Wegsperren der Armen?

Der französische, in den USA lehrende und forschende Kriminologe Loïc Wacquant beschreibt eine solche Art der Kriminalpolitik in seiner Studie „Bestrafen der Armen". Hier legt er dar, wie insbesondere der amerikanische Staat eine neoliberale Gesellschaft schafft, indem er materielle Ressourcen aus der sozialen Unterstützung Armer abzieht und sie in Strafprogramme umverteilt. Wohlfahrtsstaat und Strafverfolgungspolitik gleichen kommunizierenden Röhren: Was die eine Seite zugeteilt bekommt, wird der anderen weggenommen. Der streng auf Eigenverantwortung zielende neoliberale Staat diszipliniert so die „im Netz des Wohlfahrtsstaates hängenden Armen". Als Instrument dieser Disziplinierung dient das Strafrecht, dessen Ausweitung Wacquant für die USA in eindrücklichen Untersuchungen nachweist und auch bereits ein Übergreifen einer solchen Politik auf Europa aufzeigt.

Zwei Hauptzielgruppen erkennt Wacquant in den USA: die afroamerikanischen Ärmsten in den städtischen Ghettos und Sexualstraftäter. Bei der schwarzen Bevölkerungsgruppe sieht er die Tendenz, dass das ausgeweitete und kontrollierende Gefängnissystem die „aufgeweichte Kastenspaltung zwischen Weißen und Schwarzen neu zementiert".[13] Die Gruppe der Sexualstraftäter hingegen scheint besonders geeignet für die öffentliche Darstellung, Beschämung und Anprangerung, wahrscheinlich weil ihre Taten tiefen, moralischen Vorstellungen widersprechen, die in der amerikanischen Kultur verinnerlicht sind. So kommt es zu Gleichsetzungen von „Sexualstraftäter = Serien-Pädophiler" – eine Stigmatisierung, die einen rationalen Umgang mit dieser kleinen und vielschichtigen Tätergruppe kaum noch zulässt. Letztlich werden damit auch Therapiemaßnahmen und Unterstützungen jedweder Art verhindert.

Der deutsche Kriminologe Fritz Sack, langjähriger Leiter des Instituts für Kriminologische Sozialforschung in Hamburg, schreibt unter dem Titel „Strafe und herrsche" unter anderem, dass viele Kriminologen, die es besser wissen sollten, ihre Augen davor verschlössen, dass auch die deutsche Kriminalpolitik in den exzessiven Sog der strafenden Auf- und Ausrüstung der Politik geraten sei. Dieses Strafverlangen, das derzeit (noch) vornehmlich auf Sexual- und Gewaltstraftäter gerichtet sei, entspringe einem Klima verbreiteter Verunsicherung, das einerseits seine eigentlichen Wurzeln jenseits des Strafrechts und der Kriminalität habe, andererseits einem politischen und staatlichen Regime Möglichkeiten der Selbstdarstellung liefere, die ein US-Kriminologe auf die Pointe gebracht habe: „Regieren mittels Kriminalität".[14]

## Wozu brauchen wir Dämonen?

„Dämon" ist ein aus der griechischen Mythologie stammender Begriff, der ursprünglich sogar mit positiven Aspekten behaftet war. Spätestens seit dem Mittelalter verbinden wir damit jedoch „böse Geister". Der Psychologe Hain Omer[15] unterscheidet eine dämonische und eine tragische Weltsicht. Unter Dämonisierung versteht er „eine Form der Beschreibung eines

31

anderen Menschen, die diesen in einem zunehmend negativ gefärbten Licht wahrnimmt, bis der andere zu einem ‚Monster‘ wird, das es zu bekämpfen gilt, gegen das man sich mit aller Macht wehren muss. Unter Dämonisierung verstehen wir also die Haltung einer Person oder einer Gruppe gegenüber einer anderen Person oder Gruppe. Sie beginnt vielleicht mit Zweifel, setzt sich mit Verdächtigungen fort, endet mit einer scheinbaren Gewissheit über die grundlegende Schlechtigkeit des anderen, aus der eine entschlossene feindselige oder militante Aktion resultiert.“[16]

Letztlich erscheint Dämonisierung als ein Versuch des Menschen, für das Übel, das Schlechte, das Böse einen ursächlichen Grund zu finden, den man ausmerzen kann. Dem fielen Frauen als Hexen zum Opfer, und alle großen „Heilslehren“ fanden und erfanden entsprechende Figuren. Das Christentum bedient sich der Person Satans. Hat eine Dämonisierung einmal begonnen, wirkt sie wie ein Teufelskreis, aus dem es keinen Ausweg zu geben scheint.

Omer setzt dieser „dämonischen“ die „tragische Sicht“ auf die Welt entgegen, die akzeptiert, dass es Leid in vielfältiger Form in der Welt gibt und dass Hunger, Krankheit, Tod, Elend und Verbrechen ein immanenter Teil unserer Welt sind. Sie haben ebenso wenig einen „letzten Grund“ wie unsere Existenz selbst. Wir können diese Leiden akzeptieren und versuchen, sie zu begrenzen, wir können versuchen, Leidende zu trösten und zu unterstützen. Wir haben uns angewöhnt, nicht erklärbare Phänomene dämonisch zu erklären. Möglicherweise hilft uns das, mit Leid umzugehen. Wir sehen die Ursachen außerhalb unserer selbst und suchen einen Sündenbock. Jeder kann sich „auf der guten Seite“ fühlen. Deshalb nützt es uns, wenn die Seite des Dämonischen, des Bösen gut darstellbar da ist. Um uns noch abgrenzen zu können, darf es nicht zu viele „Sündenböcke“ geben. So gesehen erfüllt die Gruppe der verurteilten Sexualstraftäter diese Funktion in idealer Weise.

So waren die entrüsteten Reaktionen kaum verwunderlich, als im Dezember 2009 der Europäische Gerichtshof für Menschenrechte der Klage eines betroffenen Sicherungsverwahrten Recht gab und seine Verwahrung als einen Verstoß gegen die Europäische Menschenrechtskonvention wertete. Die ersten Reaktionen fielen denn auch erwartungsgemäß negativ aus, passend zum dämonisierenden Weltbild: Solche Monster dürften nicht entlassen werden. Der Richterspruch aus Straßburg wurde für die deutsche Justiz als nicht bindend erklärt, und es wurde eine – aussichtslose – Revision eingelegt. Nachdem das Urteil trotz der Widerstände rechtskräftig war, schlossen sich auch deutsche Gerichte der Rechtsauffassung ihrer Straßburger Kollegen an und ordneten die sofortige Entlassung einiger Verwahrter an.

Die betroffenen Verwahrten haben teilweise bis zu 35 Jahre ununterbrochene Gefangenschaft hinter sich. Fünf dieser Männer sind mir im Rahmen der angeordneten Führungsaufsicht unterstellt, und ich will am Beispiel von zweien folgenden Fragen nachgehen:

- Was sind das für Menschen?
- Wie sind sie geworden, wie sie sind?
- Wie ist ihre Situation?
- Wie wird mit ihnen umgegangen?
- Gelten die Menschenrechte auch für diese Menschen?

# Was sind das für Menschen?

Wie werden Menschen zu dem, was sie sind? Eine Frage, die vielleicht nie beantwortet werden kann. Wir können manches erklären und werden stets von neuen Erkenntnissen widerlegt. Theoretisch ist diese Schwierigkeit mit den Konzepten der Autopoiesis und der nicht-trivialen Maschine am ehesten erfasst. Der Biologe Humberto Maturana[17] umschreibt mit dem Begriff der Autopoiesis die kreative Selbsterschaffung jedes Organismus. Unabhängig von außen entscheidet jeder Organismus, auch der Mensch, was er aus den gegebenen Möglichkeiten für sich und aus sich macht. Der Kybernetiker Heinz von Förster prägte den Begriff der „nicht-trivialen Maschine", womit er einen Organismus bezeichnen wollte, der nicht im Voraus berechenbar ist; allein schon deshalb nicht, weil im Lauf der Zeit eine unbekannte Zahl von Einflüssen auf ihn einwirken.

## Gerhard Kraus*

> *„Wenn du die Geschichte eines Verbrechen liesest,*
> *dann danke du mit deinem ehrlichen Gesichte*
> *dem gütigen Himmel,*
>
> *dass er nicht dich an den Anfang*
> *einer solchen Schicksalsserie gestellt hat."*
>
> Georg Christoph Lichtenberg

Die „Geschichte eines Verbrechens" erzählt in aller Regel unterschiedliche Wirklichkeiten. Je nach Erzähler, Zuhörer oder

---

* Name wurde verändert

Leser wird die Darstellung andere Nuancen und Schwerpunkte bekommen. Während das Gericht die Wahrheit sucht und die Urteilsbegründung formal-rechtlichen Anforderungen standhalten muss, werden Verurteilte ein Interesse daran haben, ihre Geschichte so zu berichten, dass sie mit ihr „noch leben können". Wenn hingegen die Medien über einen Fall berichten, dann so interessant und spannend, dass die Verkaufszahlen nach oben steigen.

Vielleicht gilt für die Geschichte von Gerhard Kraus noch mehr als für viele andere, dass man keine der beteiligten Rollen einnehmen möchte.

### Eine erbärmliche Kindheit und Jugend

Die biografischen Beschreibungen im Landgerichtsurteil gegen Gerhard Kraus fallen dürftig aus. Vielleicht wollten die Richter es gar nicht so genau wissen. Geboren als ältestes von vier Kindern im Nachkriegsdeutschland in einer süddeutschen Stadt. Der Vater arbeitet als Hilfsarbeiter, ist alkoholabhängig und schlägt die Mutter regelmäßig; die Anwesenheit der Kinder hält ihn hiervon nicht ab. Als der junge Gerhard fünf Jahre alt ist, wird der Vater wegen Diebstählen zu zwei Jahren Gefängnis verurteilt.

Sexuelle Aufklärung findet durch praktischen Anschauungsunterricht der Eltern in Anwesenheit der Kinder statt. Da die Familie ihre Wohnung verwahrlosen lässt und auch auf entsprechende Anordnungen des Ordnungsamtes keine Besserung eintritt, wird sie in eine städtische Notunterkunft eingewiesen, die damals noch „Lager" heißt.

In der Schule ist der Junge von Anfang an auffällig; er schlägt andere Kinder und nimmt ihnen Dinge weg. Von seiner Intelligenz her wird er von den Lehrern als „zum oberen Bereich gehörend" gesehen und in eine andere Schule umgeschult. Nachdem sich die Auffälligkeiten fortsetzen und die Eltern der Erziehung nicht gewachsen scheinen, ordnet das zuständige Amtsgericht zunächst die vorläufige, danach die endgültige Fürsorgeerziehung mit einer Unterbringung im Heim an.

Erst in jüngster Zeit wird öffentlich darüber gesprochen, dass in der damaligen Zeit Heime, in denen Fürsorgeerziehung vollzogen wurde, eher Arbeitslagern glichen, in denen Prügel und Ausbeutung an der Tagesordnung waren, als dass fürsorglich erzogen worden wäre. Ein Geschädigter dieser Erziehungsmaßnahmen dürfte Gerhard Kraus sein. Seine Kindheit und Jugend verbrachte er in verschiedenen Heimen und einer Psychiatrischen Klinik, die ihn wegen seines Bettnässens behandeln sollte. Nach dem Ende der Volksschule, ohne Abschluss, beginnt Gerhard Kraus in einem neuen Heim eine Lehre als Schuhmacher, an der er laut Gericht kein Interesse zeigt. Im direkten Übergang aus dem Heim folgt die erste Inhaftierung im Jugendgefängnis.

## Gerhard Kraus sieht sich selbst

> *„Natürlich hatte ich eine unglückliche Kindheit;*
> *eine glückliche Kindheit lohnt sich ja kaum."*
>
> Frank McCourt

Billy Meyer, Supervisor und ehrenamtlicher Bewährungshelfer aus Basel, hat Gerhard Kraus im Frühjahr 2011 intensiv zu seinem Leben interviewt. Die Antworten, im Folgenden auszugsweise wiedergegeben, sind ruhig und unaufgeregt, beinahe unbekümmert. Erstaunlich die Ruhe, mit der Gerhard Kraus berichtet. Mit vielen inneren Verletzungen, die er als Kind erfahren hat, scheint er abgeschlossen zu haben:

*Wir konnten froh sein, dass wir nicht auf der Straße leben mussten*
Geboren bin ich, so hat es später geheißen, unter der Brücke. Gewohnt haben wir beim Vater von meinem Stiefvater. Das

war ein kleines Zimmer. Wir waren zu dritt. Und ein Jahr später ist meine Schwester dann noch geboren worden. Wir hatten auch noch ne kleine Küche mit zwei Herdplatten. Der Rest der Wohnung der Großeltern war schön groß. Wir sind uns nur ganz selten begegnet, obwohl die gleich nebendran gewohnt haben, weil die mit uns im großen Ganzen nichts zu tun haben wollten. Wir konnten froh sein, dass wir das Zimmer überhaupt gestellt gekriegt haben von ihnen, dass wir nicht auf der Straße gelebt haben.

## Mein Alter hat immer das Geld versoffen

Meine Mutter konnte nicht arbeiten, weil ja meine Schwester und ich da waren. Der Alte ist arbeiten gegangen, hat als Dachdecker ein eigenes Geschäft aufgemacht. Dann hat er noch ein paar Leute eingestellt. Die hat er auch ausbezahlt. Mein Alter hat immer das Geld versoffen, das er verdient hat. Hat also selten und so gut wie nie was heimgebracht. Aber wenn er was heimgebracht hat, dann war es meistens geklaut.

Wir hatten einfach nichts zum Essen. Und ich bin halt immer in der Gegend rumgesprungen, habe alles ausgekundschaftet, wo man was finden kann, das man wieder verkaufen kann, dass man ein paar Pfennige bekommt, um Lebensmittel zu kaufen. Ich habe mich viel auf Schutthalden aufgehalten, weil die Leute auch damals bereits Sachen weggeschmissen haben. Und da haben wir immer wieder ein, zwei Mark gekriegt. Die habe ich meiner Alten dann gegeben, und da hat sie Brot kaufen können und ein bisschen was drauf. Weil sie hatte ja nur vom Sozialamt die Lebensmittelkarten.

## Meinen richtigen Vater habe ich später auch noch getroffen

Mein Vater war Amerikaner und hat den gleichen Namen gehabt wie mein Stiefvater. Und mein richtiger Vater der ist nachher wieder aus Deutschland abgezogen worden und dann hat sie halt den geheiratet, weil ich unterwegs war, weil damals, gerade in den Fünfzigerjahren war das für die Frau eine Schande, wenn sie ein uneheliches Kind bekommen hat.

Meinen richtigen Vater, den habe ich später auch noch getroffen. Der war wieder hier stationiert. Das war ein Zufall. Ich bin in die Kaserne rüber, da kam der Koch aus der Küche heraus und hat mich gerufen, ich solle mal herkommen.

Da bin ich abgehauen. Und da ist er mir nachgerannt und hat mich mitgenommen und sagte: Du bist nur noch Haut und Knochen. Hat er mir so einen Pfirsich gegeben. Hui, so einen großen Pfirsich. So was habe ich in Deutschland gar nie gesehen. Und dann hat er mich gefragt, wie ich heiße. Habe ich ihm den Namen gesagt und dann ist er mit mir in die Offizierskantine, dann sagt er: Eh, der heißt auch … Sage ich: was? Das ist doch mein Vater. Guckt er mich an: Was isch des? Das ist mein Vater. Der ist abgehauen, da war ich gerade fünf.

### Das Jugendamt wurde eingeschaltet

Ab sieben haben sie mich eingeschult. Dann hat es bei der Schule zuerst geheißen: ich sei zu schlau und dass sie mich in die Sonderschule machen. Dann bin ich in die Hauptschule gekommen. Von der Hauptschule hat es dann geheißen, der macht nicht mit, er ist zu faul, fehlt zu oft, schwänzt die Schule.

Das Jugendamt wurde eingeschaltet, weil die Familie verwahrlost war, hat es geheißen. Ob es der Haushalt war oder ob es am Einkommen gelegen ist? Ich nehme an, dass mein Großvater da Bescheid gegeben hat, dass es so nicht weiter geht.

Und von der Stadt aus mussten sie umziehen, runter ins Barackenlager. Das gibt es jetzt auch nicht mehr. Da waren also sechs Wohnungen in einer Baracke, nur war alles abgeteilt. Das waren dünne Holzwände. Wenn da einer gesprochen hat oder was, hat der Nachbar alles gehört und so. Mein Stiefvater, meine Mutter, meine Schwester und mein nächster Bruder, der dann noch gekommen ist, haben dort gelebt. War für mich auch wieder eine fremde Gegend.

*Weil mein Alter straffällig geworden ist*

Als ich acht war, sind die vom Jugendamt gekommen und haben gesagt, ich müsste für ein Jahr ins Heim. Und da hat mein Vater schon Theater gemacht. Der wollte mich nicht ins Heim stecken. Und meine Schwester, die ein Jahr jünger war als ich, die konnte daheim bleiben. Die vom Jugendamt haben gesagt: Dies ist angeordnet und sie müssen das machen wegen dem verwahrlosten Haushalt und weil mein Alter straffällig geworden ist. Er hat immer geklaut, auf Baustellen Material geklaut. Und dann sind sie halt gekommen und haben ihn verhaftet.

*Im Heim gab es Kinderarbeit original*

Das Kinderheim war ungefähr 100 Kilometer weg. Da waren Nonnen und da haben wir bloß zwei Lehrer gehabt, die männlich waren. Waren da also immer so zwischen 15 und 20 Kinder in einer Gruppe. Für mich war es halt schockierend, ist klar, wenn man so was nicht gekannt hat und nix und kommt da hin auf einmal mit so vielen Kindern zusammen, alle auf einem Haufen und dann immer das Beisammensein. Und dann auch der ganze Druck von den Nonnen her. Erst musst du das machen, dann musst du das machen. Zum Beispiel mussten wir die Zimmer putzen, den Parkettboden mit Terpentinersatz und Holzwolle mussten wir den Boden auf den Knien abschrubben. Oder aufs Feld raus. Meistens so um halb sieben hat die Arbeit am Morgen angefangen. Da sind wir auf den Wagen gestiegen, hat uns der Bauer hinausgefahren auf den Acker. Steine klauben. Steine sammeln von den Feldern. Und dann im Herbst die Kartoffelernte, da mussten wir raus auf den Acker Kartoffeln klauben. Und wenn man das nicht schnell genug gemacht hat, dann hat man den Stiefel in den Arsch gekriegt oder den Gabelstiel ins Kreuz. Zuckerrüben haben wir rausgezogen und wir mussten dann immer die Blätter wegmachen und die Rübe auf den Wagen tun. Und dann die Obstgärten, da mussten wir das Obst einsammeln.

*Und dann hat es gleich mal Prügel gegeben*

Von allen Dingen am schlimmsten war ja immer, dass man in die Kirche gezwungen wurde. Sonntags, da war gerade dreimal Kirche. Und dann mussten wir unter der Woche jeden Mittag, nach dem arbeiten, in die Kirche. Und nach der Kirche erst das Abendessen und danach ins Bett. Und dann musste man noch beten, jedes Mal vor dem Essen, das Vater Unser. Ich habe doch nicht beten können, das habe ich gar nicht gekannt so was. Dann wurde gesagt, ja, du kriegst solange nichts zu essen, bis du das kannst. Dann habe ich nichts zu essen gekriegt, bis man das Gebet sagen konnte. Da blieb uns nichts mehr anderes übrig, als klauen zu gehen, geklaut haben wir Brot in der Bäckerei im Heim.

*Da haben wir uns mal saniert*

Taschengeld haben wir keins gekriegt. Die haben zwar immer vom Jugendamt Taschengeld für uns gekriegt. Das haben die Nonnen alles abkassiert, da haben wir nie etwas gesehen davon. Aber man hat Geld gebraucht, zum Beispiel, um Süßigkeiten zu kaufen. Da sind wir, zu zweit, halt mal beim Bürgermeister eingestiegen. Der hat einen kleinen Laden gehabt. Da haben wir uns natürlich mal saniert, mit Süßigkeiten. Und dann haben wir auch Geld gefunden und mitgenommen.

Das erste Mal kamen mich meine Eltern besuchen, als ich Erstkommunion hatte. Da war meine Großmutter auch da. Und da sind wir zuerst in die Kirche gegangen und anschließend haben wir zusammen gesessen. Kaffee und Kuchen hat es da gegeben. Da habe ich von meiner Großmutter eine Uhr gekriegt, ein billiges Ding halt. Wir sind danach runter gegangen auf den Spielplatz und haben Fußball gespielt und der Kommunionsanzug, den haben wir leihweise vom Heim gehabt, der hat dementsprechend ausgesehen. Und die haben sich wieder aufgeregt, und die haben ein Theater bewirkt, weil der Anzug so dreckig war.

*Am Anfang bin ich ja immer skeptisch gewesen*

Mit fünfzehn hat mich der Direktor, zusammen mit zwei anderen Jungs, in ein anderes Heim gefahren. Ich musste, vom Alter her, in ein anderes Heim. Am Anfang bin ich ja immer skeptisch gewesen. Habe mir erst einmal gedacht: Am Anfang tun sie immer alle schön und ruhig, und nachher zeigen sie ihr wahres Gesicht. Und so war es ja meistens auch. Der Direktor hat uns gleich begrüßt, als ob es eine Sensation wäre, dass wir jetzt da kommen würden. Dann hat er kurz mit uns geredet. Also der Direktor war der Leiter vom Heim. Aber hauptsächlich waren Nonnen da und nur bei zwei Gruppen oder so haben sie auch Aufseher gehabt. Und eine Gruppe war für ganz schwere Jungs praktisch. In der Gruppe, in der ich gewesen bin, ist auch eine Nonne gewesen, die es geleitet hat. Wir waren achtzehn in der Gruppe. Schule haben wir dort keine mehr gehabt. Das war schon fertig.

*Ich musste immer die Dreckarbeiten machen*

Das Heim war für Lehrlinge. Da hat man einen Beruf lernen können. Ich habe eine Schuhmacherlehre angefangen. Das hat mich interessiert, wenn du einmal einen Schuh brauchst, dann kannst du den Schuh selber machen. So weit ist es aber gar nicht gekommen. Ich musste immer nur die Dreckarbeiten machen: Ranzen nähen, Aktentaschen nähen, Pechfaden machen.

*Eine Mark fünfzig pro Monat*

Am Wochenende und abends konnten wir auf den Sportplatz raus laufen bis zum Wald. Oder ins Dorf, wenn man mal was gebraucht hat. Dort konnte man auch einkaufen. Aber was will man groß kaufen, wenn man im Monat gerade mal 1 Mark 50 kriegt. Das hat nirgends hin gereicht, auch nicht für Rauchwaren. Rauchen durfte man in dem Heim ab 16. Und dann haben die eine eigene Kantine gehabt. Dort hat man den Alkohol gekriegt. Schnaps, Bier, alles hat man gekriegt. War aber um die Hälfte billiger als in den Geschäften draußen.

Im neuen Heim habe ich ja gerade die zwei, die mit mir aus dem letzten Heim mitgekommen sind, schon gekannt. Und einen, oder zwei habe ich getroffen, die ich aus einem früheren Heim gekannt habe. Als Freunde konnte man die ja nicht bezeichnen. Man konnte eher sagen: Gut, das waren Kumpels oder Bekannte. Aber Freundschaft habe ich da nie groß geschlossen bei diesen Leuten, weil sie immer unzuverlässig waren. Und man kann sagen, ich bin sowieso mehr Einzelgänger gewesen.

*Eine Wirtschaft hat immer zwei Türen.*
Später sind wir noch einmal in eine Wirtschaft eingebrochen. Da war gerade Kommunion, und vorne war die Wirtschaft deswegen geschlossen. Das war sieben Kilometer von unserem Heim weg. Da haben wir uns gesagt: Oh, eine Wirtschaft hat immer zwei Türen. Eine Vorder- und eine Hintertüre. Sind wir hinten hineingelaufen. Die Türe war offen. Dann hat der ... gleich eine Flasche Schnaps geschnappt, ich habe auch noch eine Flasche Schnaps genommen. Dann Zigarren, eine Schachtel Zigaretten und dann habe ich die Kasse geschnappt. War eine normale Blechbüchse. Ungefähr waren so bloß 300 und noch was Mark drin gewesen. Damals war das halt ein Haufen Geld.

*Einem Heimzögling glaubt man natürlich nichts*
Zwei Jahre bin ich da drin gewesen. Und dann bin ich in den Knast gekommen. Im August 1966, da habe ich mal so ne Neunzehnjährige angequatscht. Also ich habe gefragt, wie sieht es aus? Ich hatte noch nie mit einer Frau irgendwie Kontakt gehabt oder sonst was, sexuell und so weiter. Und ich habe kein Geld. Ich komme da aus dem Heim. Sagt sie: Ja, das macht nichts. Weil sie hat ja für Geld die Füße breit gemacht. Andere

haben mir das gesagt gehabt. Sie ist bekannt gewesen. Als Hure sozusagen. Sagte sie: Ja, kein Problem. Wenn du noch nie was mit einer Frau zu tun gehabt hast, sie könne mir noch einiges beibringen. Habe ich gesagt: Also gut. Wann? Wegen ihr, spielt keine Rolle, können wir gleich losgehen. Zu ihr nach Hause. Ihre Mutter ist sowieso nicht da. Ja gut, sind wir losmarschiert. Auf dem Weg zu ihr sind wir einen Waldweg hoch gelaufen. Da sagte ich: Wir können es ja auch gleich auf dem Waldweg machen. Brauchen wir nicht so weit laufen. Da sagte sie: Ihr ist es egal. Sie hat sich hingelegt, und ich wollte gerade meine Hose aufmachen, und auf einmal sind zwei ältere Leute gekommen auf dem Waldweg, spazieren gelaufen.

Auf einmal fängt sie an zu schreien. Sie hat die alten Leute gekannt und die alten Leute haben sie gekannt. Jetzt wollte sie nicht, dass da irgendetwas publik wird, dass die alten Leute reden, dass sie da praktisch im Wald rumbumst oder was. Da hat sie angefangen zu schreien. Habe ich gedacht: Was ist denn jetzt los. Bin aufgestanden und bin losgerannt. Und dann bin ich den Felsen hinabgestürzt. Hatte einen Zehen gebrochen, einen doppelten Schädelbasisbruch. Haben die später operiert. Haben sie auch Scheiße gebaut. Sie haben die Sehne am Zeh zu stark angespannt. Deswegen habe ich heute noch Probleme.

Nach dem Spital kam ich zurück ins Heim und wurde angeklagt. Dann gab es eine Verhandlung. Versuchte Notzucht hat es geheißen. Natürlich: Einem Heimzögling glaubt man natürlich nichts. Sie haben ihr mehr geglaubt. Ich hatte einen Anwalt. Der hat also kein großes Interesse gezeigt. Aus meiner Sicht war es so, dass die Frau eingewilligt hatte, das haben doch die anderen mitgekriegt. Und die haben auch in der Verhandlung ausgesagt, dass sie doch bereit war. Sie wollte ihm doch noch was beibringen, weil er mit einer Frau noch nie was gehabt hat. Das haben doch die beiden Kollegen mitgekriegt, mit denen ich in der Wirtschaft gerade am Saufen war, als wir sie getroffen hatten. Ja, ist uninteressant. Ihr steckt alle unter einer

Decke. Ihr könnt euch abgesprochen haben. Ihr seid ja alle im gleichen Heim. Habe ich acht Monate bis drei Jahre gekriegt. Die musste ich antreten, aber der Direktor hat gemeint, ob es nicht geht, dass ich wenigstens noch bis nach Weihnachten im Heim bleiben kann. Und am 6. Dezember 1966 sind sie auf einmal gekommen: Ab sofort in den Knast; Jugendgefängnis.

Dort konnte ich die Lehre nicht weitermachen. Die haben nur Schuhreparaturen gemacht. In der Schuhmacherei habe ich gearbeitet, und dort haben sie für den Sioux (Mokassin) genäht. Da musste man am Tag zehn Paare nähen. Wir haben damals, wenn es hoch kam, im Monat 1,50 Mark verdient. Im Jugendgefängnis habe ich einige gekannt, die ich früher im Heim kennengelernt hatte. Am Anfang durften wir nicht miteinander reden. Drei Meter Abstand halten voneinander beim Laufen im Schweigehof.

## Vom Jugendknast auf einen Bauernhof

Als ich vom Knast raus kam, hieß es schon, ich dürfe nicht bei meiner Mutter wohnen. Vom Jugendamt aus. Als ich noch im Erziehungsheim war, bin ich ab und zu, wenn ich Ferien hatte, heimgefahren.

Nach der Entlassung aus dem Jugendgefängnis, das war kurz vor dem 17. Geburtstag, kam ich auf einen Bauernhof. Dort habe ich gearbeitet. Der Bauer hatte eine Familie, Sohn, Frau und seine Eltern haben bei ihm gewohnt. Durch den Bewährungshelfer bin ich dorthin gekommen. Die haben Geld gekriegt, ich habe gar nichts gekriegt. Normal hätte ich Geld kriegen sollen, aber der Bewährungshelfer hat irgendwie das gesagt, dass mir der Bauer kein Geld geben soll.

## Dann bin ich mal rausgelaufen

Drei Tage war ich im Krankenhaus drinnen. War ja die Wunde (von einer Magenoperation) immer noch frisch. Konnte ich ganz langsam aufstehen und habe bereits wieder angefangen

Bier zu trinken. Dann bin ich mal rausgelaufen. Gerade gegenüber der Straße hat so ein Wald angefangen. Und wo ich da in den Wald gekommen bin, vorne war eine Parkbank und da ist eine ältere Frau mit ihrer Tochter gesessen, die war auch schon achtzehn, neunzehn, älter wie ich, auf jeden Fall. Dann sind zwei junge Mädels vorbeigelaufen. Wie alt die waren, weiß ich gar nicht. Und ein Tag später, ich war zurück im Krankenhaus; da kommt einer von der Kripo und hat gefragt, wo ich gewesen bin. Da habe ich gesagt: Bei einer jungen Frau und ihrer Mutter. Sind wir da auf einer Parkbank gesessen. Ja, ich muss sie mal mitnehmen. Hat sich erkundigt, ob ich transportfähig wäre. Hat der Arzt gesagt. Ja, gut nach drei Tagen.

*Was sollte ich da gemacht haben?*
Also hat er mich dann mitgenommen aufs Polizeirevier. Und da hat es geheißen: Ich hätte versucht, zwei junge Mädels zu vergewaltigen. Ich hätte sie bedroht und versucht, sie zu vergewaltigen. Was sollte ich gemacht haben? Das kann aber nicht sein. Ich bin da und da mit dieser Frau und ihrer Tochter zusammen gewesen. Nachher hat sich herausgestellt: Die Leute, die denjenigen beobachtet haben, der das war, die haben selber noch ausgesagt, derjenige, der ist über Hecken weggesprungen. Das kann aber schlecht sein. Ich kann mit einer frischen Wunde, die gerade genäht worden ist, schlecht nach drei Tagen losrennen. Ich kann ja kaum laufen. Und dann auch noch über Hecken springen. Das müssen sie mir mal vormachen. Da hat der Arzt zu ihm gesagt: Das ist ein Ding der Unmöglichkeit. Der Bulle: Egal, ja, Sie sind verdächtigt. Dann bin ich verurteilt worden damals. Drei Jahre und noch was habe ich da gekriegt gehabt. Und ich hatte überhaupt nichts gemacht gehabt.

*Ich war sowieso schon immer ein Einzelgänger*
Mit achtzehn kam ich dann ins nächste Gefängnis. Da waren die Beamten sehr freundlich. Das war ein Neubau damals. Ha-

ben einen gleich mit Sie angeredet, nicht mit Du wie vorher. Und alles war lockerer gewesen. Das war für Heranwachsende. In dieser Zeit war der Kontakt zur Familie abgebrochen. Keine Briefe, oder sonst was, überhaupt kein Kontakt. Schon vorher nicht mehr. Ich bin das schnell gewohnt gewesen. Ich war sowieso schon immer ein Einzelgänger. Bin ich ja heute noch. Lieber für mich alleine. Da kann mich niemand stören.

*Und da habe ich abends schön die Flasche herausgeholt*
Die erste Zeit hatte ich da drin keinen Alkohol. Das war kein Problem. Und dann hat der Chef mich mal kommen lassen. Er hat mich gefragt, ob ich Lust hätte draußen zu arbeiten in einer Fabrik. Habe ich gesagt: Selbstverständlich. Ich hatte noch drei Briefmarkenalben. Die konnte ich dann verkaufen. Habe entschieden zu wenig gekriegt, ist klar, aber ich habe mein Geld gehabt. Damit habe ich dann auch Alkohol gekauft, den ich dann in den Knast hinein gebracht habe.

*Meine Schwester war achtzehn, als sie gestorben ist*
Als meine Schwester gestorben ist, zu der ich überhaupt keinen Kontakt mehr hatte, konnte ich zur Beerdigung gehen. Das hat der Richter genehmigt. Das war die einzige Beerdigung in meinem ganzen Leben, wo ich war. Ich bin mit meiner Schwester zwar immer gut ausgekommen. Die war vorher auch im Heim. Und die hat so einen kennengelernt, den hat sie geheiratet. Das erste Kind war schon da bei ihr. Und dann wollte sie die neue Wohnung einweihen. Und dann hat sie noch das zweite Kind gekriegt. Und dann wurde sie mit dem Hubschrauber in eine Spezialklinik geflogen. Dann hat sie im Hubschrauber einen Blutsturz gekriegt. Dann hat sie, auf Deutsch gesagt, den Löffel abgegeben. Das Kind ist durchgekommen. Sie war achtzehn, als sie gestorben ist. Sie wusste gar nicht, wo ich bin. Sie war in der Zeit im Heim und ich bin im Knast gewesen. Und sie hat gar nichts erfahren. Zwei Beamte sind da mitgegangen in Zivil.

Auf dem Friedhof dann, meine kleine Schwester (sieben) und mein Bruder, der war etwas jünger, auf dem Friedhof habe ich die an die Hand genommen. Und sie sind gleich zu mir hergekommen. Ich hatte sie fast zwei Jahre nicht gesehen.

*Bin ich überall rumgezogen*
Nach meiner Entlassung habe ich mal ein Auto ausgeräumt. Es war offen. Da habe ich es ausgeräumt. Was ich gebraucht habe. Dafür habe ich noch sieben Monate gekriegt. Zwischen den beiden Gefängnissen war ich zirka ein Vierteljahr draußen. In dieser Zeit bin ich überall rumgezogen. Kurz habe ich auch bei meiner Mutter gewohnt.

Eine Zeit lang habe ich in einer Gaststätte gewohnt, wo ich auch gearbeitet habe; als Koch und Kellner. Einer, den ich vom Knast schon vorher gekannt habe, hat mir gesagt, ich solle doch mal in diese Gaststätte arbeiten kommen. Seine Frau arbeite dort.

*Manchmal habe ich mich wieder nüchtern gesoffen.*
Dann habe ich in der Gaststätte gearbeitet. Und der Kanal ist immer voll gewesen abends. Da habe ich mich, manchmal habe ich mich nüchtern gesoffen wieder. Wenn man richtig verladen, richtig zu ist, gerade weitermachen. Auf einmal: Kommt wie so ein Black-out. Was ist denn jetzt los? Wo es das erste Mal passiert ist, habe ich auch gedacht. Das gibt es doch gar nicht. Voll den Durchblick. Kann alles schaffen, sieh alles. Registriere alles, mache alles. Und so weiter, als ob ich nichts gesoffen habe und schlagartig wieder voll nüchtern dagewesen.

*Alles hat aber dagegen gesprochen, dass ich der Täter bin*
Im Dezember 1975 wurde ich dann entlassen, morgens. Und dann gleich weitergesoffen. Habe schon nachts ne Flasche Schnaps leer gemacht. Und nachdem ich da rausgekommen bin, einen Tag später haben sie mich verhaftet. Nur auf Ver-

dacht der Vergewaltigung, also versuchte Notzucht hat es damals geheißen, und wegen versuchten Mordes. Die haben eine Untersuchung gemacht, Spuren gefunden. Und alles hat aber dagegen gesprochen, dass ich der Täter bin. An einem Messer waren zwar zwei Blutspuren dran. Die eine Blutgruppe ist von mir selber, wo ich mich mal geschnitten habe, als ich eine Dose aufgemacht habe einmal. Und das andere war Tierblut. Habe mal ein Huhn abgeschlachtet. Das haben die gefunden im Schaft vom Messer. Dann die Fußspuren, sind größer gewesen wie meine. Haben sie noch eine Faserspur gefunden. Die hat weder zu den Geschädigten noch zu mir gepasst. Es hat alles dagegen gesprochen. Der Richter: Alles gehört nicht hierher. Da bin ich verknackt worden. Da habe ich die fünfzehn Jahre und SV gekriegt. Für nichts und wieder nichts. Die Frauen, um die es ging, die habe ich nicht gekannt. Das waren zwei junge Mädle. Es gab keine Gegenüberstellung. Gar nix. Mit aufs Revier. Den andern Tag dem Haftrichter vorgeführt und dann ab in den Knast. Und bei den Verhandlungen musste ich erst einmal Notizen machen, was überhaupt vorgefallen ist. Die Anklageschrift habe ich gekriegt, musste da mal gucken, was da ist und wo ich Beschwerde dagegen einreichen muss. Der Anwalt, den ich hatte, war ein ganz junger Anwalt. Der hat auch nicht viel getaugt. Und während der Verhandlung lacht er mit dem Staatsanwalt. Mit mir hat er sich da gar nicht groß unterhalten. Von dem Zeitpunkt an war ich 35 Jahre im Gefängnis.

*Ich weiß gar nicht, ob die noch leben, die mich in den Knast rein gebracht haben.*
Billy Meyer: Und Sie sagen, dass Sie für eine Tat im Gefängnis waren, die Sie nicht begangen haben?
„Ja.“
Und wie geht es Ihnen damit, wenn Sie jetzt zurückdenken?
„Gegen die kommt man nie an. Deswegen habe ich ja auch noch die Überwachungen gehabt. Vorher haben sie vermutet,

dass ich einen Rachefeldzug machen würde. Mich an denen rächen würde, die mich in Knast reingebracht haben. Aber nach 35 Jahren. Ich weiß gar nicht, ob die überhaupt noch leben. Weiß gar nicht, wo die wohnen oder sonst was. Aber das ist sowieso sinnlos. Selbst wenn du einen Racheakt machst. Was hast du davon? Gar nichts. Und dadurch, dass ich jetzt noch neun Jahre länger gesessen bin, wie die SV normal gegangen wäre, normal waren es damals zehn Jahre, und ich bin neunzehn Jahre drinnen gehockt."

Am Anfang, als Sie verhaftet wurden, da gibt es Taten, die Sie auch gestanden haben?

„Das war 1966, wo die Neunzehnjährige, wo ich versuchen wollte, und das mit dem Auto."

Wenn sie jetzt zurückschauen: Wie viele Jahre haben Sie das Gefühl, sind Sie, ohne dass Sie sich etwas zu Schulden haben kommen lassen, gesessen?

„Das waren alleine jetzt schon 35 Jahre. Und vorher waren es acht Jahre. Also kann man sagen: das sind ungefähr 43 Jahre, wo ich insgesamt praktisch umsonst gesessen bin. Die sieben Monate, wo ich das Auto ausgeräumt habe: Ok. Habe Scheiße gebaut. Und das, wo ich mit dieser Neunzehnjährigen, wo ich es mit der versuchen wollte, die hatte ja eingewilligt, hab aber auch acht Monate bis drei Jahre gekriegt. Also war es nicht meine Schuld. Wenn die gleich gesagt hätte von Anfang an: Ne, sie macht das nicht und so weiter, dann wäre ich gar nicht mitgelaufen."

## Gerhard Kraus ist verurteilt

Die Justiz „übernahm" Gerhard Kraus kurz vor seinem sechzehnten Geburtstag. Unter Alkoholeinfluss hatte er versucht, eine drei Jahre ältere junge Frau zu vergewaltigen. Das zuständige Jugendgericht wertet dies als ein Verbrechen der versuchten Notzucht und verhängt eine damals noch mögliche unbestimmte Jugendstrafe von neun Monaten bis drei Jahre. Verbüßen musste er als erstmals Inhaftierter zwei Jahre, sechs Monate, vier Tage und wurde als gerade Achtzehnjähriger wieder aus der Jugendstrafanstalt entlassen. Der Tathergang wird im Urteil so beschrieben, dass er im Ausgang vom Heim alkoholisiert eine junge Frau auf der Straße angesprochen, zu Boden geworfen und mit einem Messer bedroht hat, um mit ihr Geschlechtsverkehr auszuüben. Auf Bitten der Überfallenen warf er das Messer weg, sie konnte sich losreißen und ein Stück davonlaufen. Nachdem er sie wieder eingeholt hatte, warf er sie erneut zu Boden und hielt ihr mit der Hand den Mund zu, um sie am Schreien zu hindern. Er konnte ihr die Hose bis zu den Knien herunterziehen. Als sich ein Mann und eine Frau näherten, floh er, stürzte eine zwölf Meter hohe Felswand hinab und zog sich beim Sturz eine Gehirnerschütterung und einen Bruch des Mittelfußknochens zu. Sein Blutalkoholgehalt betrug 1,6 Promille, ein Sachverständiger bezeichnete den Sechzehnjährigen als gemütsarmen, ausschließlich ichbezogenen Psychopathen, der kaum mehr erziehbar sei.

Gerade achtzehn Jahre alt, wurde Gerhard Kraus aus der Jugendstrafe entlassen; eine Arbeit und Unterkunft wurde ihm bei einem Landwirt vermittelt. Nach zehn Tagen verließ er diesen Ort, landete im Obdachlosenmilieu und musste vierzehn Tage nach seiner Haftentlassung wegen eines Magendurchbruchs operiert werden. Im Ausgang aus dem Krankenhaus begegnete er zwei jungen Mädchen, die er zum Geschlechtsverkehr zwang. Vier Wochen nach seiner ersten Haftentlassung wurde er wegen dieser Tat in Untersuchungshaft genommen und erneut wegen Unzucht verurteilt; das Urteil lautete auf drei Jahre Jugendstrafe. Nach der Entlassung aus dieser Jugendstrafe wohnte er kurzfristig bei einer Tante, konnte aber nicht Fuß fassen, „trieb sich herum" und wurde nach knapp vier Monaten in Freiheit erneut wegen des Verdachts einer versuchten Vergewaltigung in Untersuchungshaft genommen und zu zwei Jahren und sechs Monaten Freiheitsstrafe verurteilt. Einen Teil der Strafe setzte das Gericht später zur Bewährung aus, die dann aber widerrufen wird. Zwischenzeitlich wurde er wegen kleinen Diebstahls- und Betrugsdelikten zu einer Geldstrafe und einer Freiheitsstrafe von sieben Monaten verurteilt. Am zweiten Tag nach der Entlassung kam es zum Delikt, das zur Anordnung der Sicherungsverwahrung führte. Gerhard Kraus hatte zwei Mädchen, die von einer Veranstaltung nach Hause gingen, mit einem Messer bedroht, vergewaltigt und mit dem Messer verletzt. Das Urteil lautet auf eine Freiheitsstrafe von fünfzehn Jahren mit anschließender Unterbringung in der Sicherungsverwahrung.

Gerhard Kraus war 26 Jahre alt und seit dem achten Lebensjahr bis auf kurze Unterbrechungen in geschlossenen Einrichtungen zwischen Fürsorgeerziehung, Jugendstrafvollzug und Erwachsenengefängnis untergebracht. Das Trinken von Alkohol hatte er ebenso wie das Rauchen in seiner Familie seit dem fünften Lebensjahr aktiv kennengelernt, sexuelle Erfahrungen mit dem anderen Geschlecht zwei Mal erfahren; über gleichgeschlechtliche Beziehungen in Form von Prostitution gibt es unterschiedliche Aussagen. Bei allen Verurteilungen gingen die Gerichte von einer übermäßigen Alkoholisierung von über 1,6 Promille aus. Gerhard Kraus bestreitet bis heute insbesondere die sexuellen Delikte.

Im Herbst 2010 wird er nach ununterbrochener Inhaftierung von 35 Jahren aufgrund des Urteils des Europäischen Gerichtshofs für Menschenrechte aus der Sicherungsverwahrung entlassen. Zum Zeitpunkt seiner Verurteilung hätte die maximale Dauer seiner Inhaftierung einschließlich der Sicherungsverwahrung 25 Jahre betragen dürfen.

### Was sind 35 Jahre?

Vielleicht waren Sie vor 35 Jahren noch nicht geboren und kennen Ereignisse aus dieser Zeit nur aus Geschichtsbüchern. Beispielsweise: die späten 68er-Ereignisse um die RAF, das Inkrafttreten des Strafvollzugsgesetzes, die ersten Bürgerinitiativen gegen Atomkraftwerke, ein Drei-Parteien-System ohne Existenz der Grünen, den Nato-Doppelbeschluss und in dessen Folge die Friedensbewegung der Achtzigerjahre, es gab noch Jugoslawien als Staat, mit der DDR einen zweiten deutschen Staat, die Deutsche Mark als Währung. Erste Kriegseinsätze der Bundeswehr, neun Fußballweltmeisterschaften und Olympische Spiele, Regierungswechsel und Politskandale, Tschernobyl und Harrisburg.

Das Landgericht Hamburg sieht in einem anderen Fall eine derart lange Inhaftierung dem Verhältnismäßigkeitsprinzip entgegenstehend; in dem Verfahren ging es darum, ob das ehemalige RAF-Mitglied Knut Folkerts zur Verbüßung einer zwanzigjährigen Haftstrafe an die Niederlande ausgeliefert wird. Er war dort wegen Mordes an einem Polizisten in dieser Höhe verurteilt worden. Da er in der Bundesrepublik unter anderem wegen der Beteiligung am Mord an Generalbundesanwalt Buback verurteilt und bereits siebzehn Jahre Haft verbüßt hat, wäre er auf eine Haftzeit von insgesamt 37 Jahren gekommen (Badische Zeitung, 11. März 2011). Knut Folkerts wurde deswegen bislang nicht ausgeliefert.

**Ludwig Roser***

> *„Der reißende Strom wird gewalttätig genannt.*
> *Aber das Flußbett, das ihn einengt,*
> *nennt keiner gewalttätig."*
>
> Bert Brecht

Manche Menschen spüren diese ‚Enge des Flussbetts' besonders. Ludwig Roser scheint so jemand zu sein. Er ist gestrau-

---

* Name wurde verändert

chelt, wurde eingesperrt und kämpft mit dem engen „Flussbett", das ihm verpasst wurde.

## Eine normale Kindheit und Jugend?

Das verurteilende Landgericht sah das Leben von Ludwig Roser bis zur Anordnung der Sicherungsverwahrung im Jahr 1985 so:

„Der 26 Jahre alte Angeklagte wuchs zusammen mit fünf Geschwistern im Elternhaus auf. Der Vater war Hilfsarbeiter, die Mutter führte den Haushalt und betätigte sich – um das Familieneinkommen aufzubessern – zeitweise als Aushilfsbedienung. Die Kinder waren sich dadurch häufig selbst überlassen. In der Familie dominierte die Mutter. Zu ihr, wie auch zu seinem Vater hatte der Angeklagte keine echten Vertrauensbeziehungen. Außergewöhnliche Erziehungsschwierigkeiten gab es mit dem Angeklagten nicht.

Im Alter von sechs Jahren wurde der Angeklagte in die Volksschule eingeschult, nach einigen Wochen erfolgte aber seine Zurückstellung von der Schulpflicht um ein Jahr. Mit sieben Jahren kam der Angeklagte dann erneut in die Volksschule, die er in der Folge, wie auch die sich anschließende Hauptschule, mit mittelmäßigen Leistungen ohne Auffälligkeiten durchlief. Nach der 9. Klasse erreichte er den Hauptschulabschluss.

Bis zum Alter von 13 Jahren war der Angeklagte Bettnässer. Seine Eltern übten in dieser Zeit aber keinerlei Zwang auf ihn aus, damit dies aufhöre. Sexuelle Spielereien der Kinder wurden vom Vater jedoch streng geahndet.

Nach der Schulausbildung begann der Angeklagte eine 3-jährige Lehre zum Stahlbauschlosser. Eine an sich angestrebte Elektrikerlehre konnte er mangels Lehrstelle nicht absolvieren. Gegen Ende des zweiten Lehrjahres kam er für ca. 1½ Monate wegen von ihm begangener sexualbezogener Straftaten in Untersuchungshaft. Anschließend konnte er seine

Lehre fortsetzen und diese 1977 erfolgreich mit Ablegung der Gesellenprüfung beenden. Sodann arbeitete er noch etwa ein Jahr lang bei seiner Lehrfirma, bis er im Juli 1978 zur Bundeswehr eingezogen wurde. Er erlangte den Dienstgrad eines Gefreiten. Im Januar 1979 kam er wegen einer erneuten Sexualstraftat wieder in Haft, wodurch auch seine Wehrdienstzeit vorzeitig ihr Ende fand.

Der Angeklagte übte im Alter von 17 Jahren den ersten Geschlechtsverkehr mit einer Prostituierten aus. Mit 13 hatte er zuvor schon begonnen, immer wieder zu onanieren. Nach dem ersten Sexualverkehr hatte er in der folgenden Zeit in Abständen von jeweils mehreren Monaten Kontakte zu Frauen, wobei es sich vorwiegend um Prostituierte handelte. Der Angeklagte litt unter Kontaktstörungen und war deshalb fast nicht in der Lage, Beziehungen zu Frauen zu knüpfen. Er hatte zunächst auch keinerlei längere Bindungen zum anderen Geschlecht, obwohl er diese anstrebte. Im Juni 1978 lernte er anlässlich eines Lokalbesuchs eine Bardame kennen, die er dann bereits nach 14-tägiger Bekanntschaft heiratete. Drei Tage nach der Eheschließung verließ ihn diese Frau wieder, nachdem sie von der Vorstrafe des Angeklagten Kenntnis erlangt hatte. Sie kehrte nicht mehr zum Angeklagten zurück, obwohl dieser über längere Zeit versuchte, sie zur Wiederaufnahme ihrer Beziehung zu bewegen. Im Jahre 1982 wurde die Ehe, aus der keine Kinder hervorgegangen waren, schließlich geschieden. Der Angeklagte hatte dreimal geschlechtlichen Kontakt mit seiner ersten Ehefrau gehabt.

Nach seiner Festnahme im Januar 1979 befand sich der Angeklagte bis September 1979 in Untersuchungshaft. Sodann erfolgte wegen der von ihm begangenen Sexualstraftat seine Einweisung in das Psychiatrische Krankenhaus, in welchem er sich bis Mai 1981 befand. Er wurde zeitweise therapeutisch behandelt und darauf bedingt entlassen.

Der Angeklagte arbeitete in der Folge bis Februar 1982 an verschiedenen Arbeitsstellen in seinem erlernten Beruf. Er befand sich jeweils vorwiegend auf Montage. Die Arbeitsplatz-wechsel waren teils durch mangelnde Auftragsverhältnisse bei seinen Arbeitgebern, teils durch Krankheiten des Angeklagten bedingt. Längere Zeiten der Arbeitslosigkeit gab es nicht. Der Angeklagte wohnte bei seinen Eltern.

Im August 1981 lernte er seine jetzige Ehefrau, die von Beruf Erzieherin ist, kennen. Sie trafen sich im Dezember wieder und von da an regelmäßig alle paar Wochen. Im Juli 1982 heirateten sie, nachdem ein gemeinsames Kind unterwegs war. Dieses wurde 1983 geboren. Seine Ehefrau zog nach der Heirat zu ihm in eine gemeinsame Wohnung. Kurzzeitig wohnten sie im Februar 1983 für einige Wochen im Haus der Schwiegereltern des Angeklagten, nachdem er eine Arbeit gefunden hatte. Ab März 1983 kehrten sie zurück, wo der Angeklagte bis März 1984 wiederum als Monteur arbeitete. Von Mitte April bis zu seiner Verhaftung in der vorliegenden Sache hatte er schließlich eine Beschäftigung bei der Firma, für die er Montagearbeiten erledigte. Er wohnte mit seiner Frau und seinem Kind bei seinen Schwiegereltern; eine eigene Wohnung hatten sie hier bis zur Verhaftung des Angeklagten noch nicht bezogen. Aufgrund des Umzugs und aus dem Kauf eines PKWs waren bis Juni 1984 Schulden in Höhe von ca. DM 10 000.– aufgelaufen. Die Ehefrau des Angeklagte hat diese zwischenzeitlich aus ihrem eigenen Arbeitseinkommen als Erzieherin und mithilfe ihrer Verwandtschaft zurückbezahlt."

Soweit klingt das „fast normal". Es könnte aber auch dem Versuch dienen, alles „ganz normal" aussehen zu lassen, was vielleicht doch nicht so normal war. Oder es ist so, wie es die Deutsche Caritas einmal für Suchtkranke formulierte: „Aus ganz normalen Familien kommen ganz normale Süchtige."

## Ludwig Roser sieht sich selbst

*„Eine der verbreitetsten Krankheiten ist die Diagnose."*

*Karl Kraus*

Ludwig Roser äußert sich in den Gesprächen mit Billy Meyer:

*Wir lebten in ärmlichen Verhältnissen*
Ich bin 1959 geboren. Wir lebten in einer Sozialwohnung, also in ärmlichen Verhältnissen.

Die Familienverhältnisse weiß ich gar nicht genau. Es gibt zwei ältere Brüder mit einem anderen Vater, Genaues habe ich von meiner Mutter hierzu nie erfahren. Mein Vater war Hilfsarbeiter auf dem Bau. Das hat ihm gereicht.

Was ich noch weiß: Ich war Bettnässer. Da hatte ich immer Probleme mit. Das war ein Riesenproblem für mich. Meine Mutter wollte nicht jeden Tag waschen. Als ich in die Schule gegangen bin, habe ich immer gedacht: Ich rieche danach.

Im Kontakt zu meinen Großeltern väterlicherseits war meine Mutter immer so negativ. „Die wollen nur was haben, wenn sie was mitbringen", sagte sie, wenn sie zu Besuch kamen. Meine Mutter hat alles irgendwo immer aufgerechnet. Deswegen haben wir nie richtig Verwandtschaft, Freundschaft oder was gehabt. Immer aufgerechnet, immer alles aufgerechnet.

*Der Gutachter muss die Geschichte kennen*
Sie (Billy Meyer) stellen Fragen, die uns keiner gestellt hat. Nicht einmal der Gutachter. Und ich finde, ein Gutachter muss, wenn er fundiert arbeitet, die Geschichte kennen, die Lebensgeschichte. Wenn zum Beispiel ein Gutachter sieht, dass ein Kind straffällig geworden ist mit fünfzehn oder mit zwanzig, und er weiß nicht, dass er mit vier vergewaltigt worden ist oder missbraucht worden ist, dann kommt er nie auf den Trichter drauf.

Mit fünf hatte ich einen Unfall mit dem Tretroller. Ich bin die Straße runtergefahren und da steht so ein Getränkewagen da. Ich komme da drunter und war im Krankenhaus. Das habe ich dem ersten, vielleicht auch dem zweiten Gutachter erzählt. Und daraufhin hat er eine Tomographie machen lassen, ob ein Gehirnschaden da ist oder so. War aber nix.

An meine Schulzeit habe ich wenig Erinnerung. Auch an einen Schulfreund kann ich mich nicht erinnern. Ich weiß, dass ich mich da nie so richtig wohlgefühlt habe. Freundschaft? Weiß ich nicht, also. Andere Kinder sind ja offen, wenn man denen begegnet. Das weiß ich. Aber ich war irgendwie, na ja, ich kann mich nicht mehr daran erinnern.

Auch an die Zeit mit den Eltern kann ich mich nicht erinnern. Mir fällt nur ein, das mit den Tieren, die wir gehalten haben. Und dass ich mit meinem Opa mal Schrott sammeln war.

## Und dann bin ich abgehauen

Die erste Tat war 1976. Das steht alles in den Akten. Das war in der Lehrzeit. Da war ich zwei Monate in U-Haft und dann raus. Sechs Monate hatte ich auf Bewährung gekriegt. Für eine versuchte Vergewaltigung. Im Wald, eine Radfahrerin, ältere Dame, also so vierzig, in meinen Augen. Ich war ja damals sechzehn. Die habe ich vom Fahrrad runter angehalten und dann habe ich sie am Boden und dann ist eine andere Radfahrerin und dann bin ich abgehauen. Und da haben sie mich natürlich gefasst, ja. Weil ich öfters mit dem Rad in der Gegend war. Wenn ich zu meiner Oma musste, dann musste ich öfters dort vorbeifahren.

Dann bin ich wieder zurück in die Lehre. Der Meister hat gesagt: Schwamm drüber. Man muss weitermachen. Da hat keiner was gesagt. Und jeder hat es halt gewusst. Und ich habe mich schon ein bisschen geschämt. Aber ich habe da meine Lehre weitergemacht und es war nix passiert. Eigentlich konnte ich dort mit niemandem darüber sprechen. Ich konnte mich auch nicht ausdrücken. Einer meiner Kollegen von der Arbeit, der hat mich auf Partys eingeladen. Auch nach meiner ersten Tat. Der hat schon gedacht: Der Mann braucht Kontakte oder so. Irgendwann haben wir Schnaps getrunken und ich habe den Moralischen gekriegt und bin dann gegangen. Habe mich also nicht richtig benommen, sondern habe mich irgendwie auffällig verhalten. Ich habe gesoffen und habe das nicht vertragen. Ich mag nicht, wenn ich besoffen bin. Dann hat er mich so schnell nicht mehr eingeladen, ja.

## Kontaktmäßig war ich nicht gut drauf

Dann habe ich die Lehre fertig gemacht. Kontakte hatte ich nicht viel. Aber ich habe mich trotzdem ein bisschen zurückgesetzt gefühlt. Irgendwie kontaktmäßig war ich nicht gut drauf. Mit Leuten aus meiner Kolonne habe ich mich wohlgefühlt. Natürlich, das war schöne Arbeit. Man konnte immer in die Kantine gehen; man konnte sich mal verpissen. Man konnte sich auch die Arbeit ein bisschen einteilen. In der Freizeit bin ich halt schon ein bisschen alleine da rum. Ich war ja noch bei meiner Mutter, bei meiner Familie. Mein Zimmer unterm Dach habe ich neu tapeziert und ein bisschen vergipst, so was ich konnte, Teppichboden, Fließen verlegt, alles was ich mir leisten konnte.

Gut erlebt habe ich das Verhältnis zu den Kameraden in der Bundeswehr.

## Der habe ich mal angeboten, sie nach Hause zu fahren

Die zweite Tat war dann in der Silvesternacht 1978 auf 1979. Und da habe ich abends auch noch ein bisschen gefeiert oder was weiß ich, oder ich wollte noch einmal weg. Kaum noch Benzin im Tank und kaum Geld. Da bin ich so gefahren und sehe da eine Frau, die frühzeitig ihren Mann verlassen hat oder deren Feier etwas später war. Der habe ich mal angeboten, sie nach Hause zu fahren. Da habe ich unterwegs Halt gemacht. Zuerst habe ich sie noch gebeten, dass sie mir Geld fürs Tanken gibt. Fünf Mark. Und dann bin ich mit ihr in die Richtung, wo sie gewohnt hat, gefahren, aber auf Abwege und dann habe ich mit ihr geschlafen, oder es versucht. Erst einmal ein bisschen rumgemacht. Da hat sie Ja gesagt. Und weil es ihr dann unangenehm wurde, hat sie Nein gesagt. Dann habe ich ihr eine Ohrfeige gegeben. Dann hat sie es über sich ergehen lassen. Aber bis zum Orgasmus bin ich gar nicht gekommen. Dann habe ich es bleiben lassen. Dann habe ich sie zurück gefahren. Und dadurch ist sie später heimgekommen als ihr Mann. Dann hat sie es gesagt und ich wurde verhaftet. Da war ich dann neun Monate in U-Haft. Dann wurde dieses Gutachten gemacht und ich wurde ins PLK (Psychiatrisches Landeskrankenhaus; Anm. d. Verf.) eingewiesen. Da wurde ich dann auch aus der Bundeswehr ausgemustert.

Als Ausgelernter habe ich in der Schlosserei gearbeitet und auch ein bisschen mehr verdient. Und nach sechs Monaten war dann die Verhandlung. Ich hatte einen Anwalt. Und ich war da völlig ahnungslos. Ich habe mich da gar nicht reingedacht in die ganze Geschichte. Erst später, als ich nochmals verurteilt worden bin und in der SV gelandet bin, da habe ich ja schon reflektiert über das Ganze, was mit mir geschieht.

*Ich kann Ihnen zwar nicht helfen …*

Aus dem PLK habe ich an das Gericht geschrieben, dass nichts geschieht. Das Gericht fragt nach, was los ist. Das muss doch das Gericht wissen, wenn sie Leute einweisen oder? Dass die im PLK nur verwahren können, nicht behandeln. Sie haben keine Materialien, kein Personal dafür. Dann haben sie irgendwie doch was angefangen. Ein bisschen autogenes Training, oder zwei Gespräche mit irgendeinem Psychologen, der gar nicht zuständig und ausgebildet war. Was sollte ich denn mit dem reden? Ich konnte mich ja nicht erklären. Wusste auch nicht, was ich mit dem reden soll. Das muss man ja auch mal lernen.

Das war eine große Anstalt. Da war Maßregelvollzug, und da gab es riesige Abteilungen. Das war nicht schlecht. Da hatte ich auch ein paar Freundinnen. Denn am Anfang konnte ich raus. Der Arzt sagte: Ich kann ihnen zwar nicht helfen, aber ich kann ihnen Ausgang geben. So hat er die Leute behandelt. Man konnte raus, das war kein Problem. Die meisten konnten am Tag raus. Kein Problem. Ja. So hat er das eingeschätzt und gemacht. Und irgendwann hat er mal eine Anzeige bekommen, weil er immer Ausgang gegeben hat. Später wurde ich dann Einkäufer und zum Stationssprecher gewählt. Und dann haben sie einen neuen Arzt bekommen. Der hat Methoden eingeführt, wie Autogenes Training und Frühsport. Ach, dieses Rumhampeln morgens. Dazu hatte ich keine Lust. Die anderen mussten ihre Arznei nehmen, damit sie ruhig sind, und sollen dann Frühsport machen. So ein Quatsch.

Da war ich in einer inneren Abteilung, Psychiatrie, wo die Leute noch an die Heizung gefesselt waren. Das hat es auch gegeben. Das gibt es heute nicht mehr, sehr wahrscheinlich.

Und dann habe ich wieder Ausgang gekriegt, dann Urlaub und im März 82 war ich schon wieder entlassen. Als Auflage hat es dann geheißen, ich müsste draußen zu einem Psychiater gehen, wenn was ist oder so. Das habe ich dann auch nicht gemacht oder es war nicht nötig oder was weiß ich.

*Was geht die das an, wenn wir heiraten*

In dieser Zeit wurde ich auch geschieden. Ich habe ja noch vor der Bundeswehr geheiratet. Da habe ich eine kennengelernt in der Bar. Na gut, mit der habe ich dann einmal geschlafen. Sie war in meinem Alter. Also, wenn sie da kurz als Bardame gearbeitet hat. Das war mir doch egal. Ich habe sie geheiratet, ohne dass meine Mutter was wusste. Was geht die das an, wenn wir heiraten? Sie hat es dann nicht lang ausgehalten. Ich habe ja nur das Zimmer gehabt bei meiner Mutter, ja. Sie ist dann auch zurück zu ihrer Mutter.

Und dann musste ich zur Bundeswehr. Und wenn du in der Bundeswehr verheiratet bist, dann kriegt die Frau Unterhalt, nicht nur Wehrsold. Und den hat sie dann bekommen. Ob sie mich deshalb heiraten wollte? Nein, aber sie hat vorgeschlagen zu heiraten. Auf jeden Fall war es unüberlegt.

Arbeit zu finden war kein Problem, nach meiner Entlassung. Da haben sie auch nicht so darauf geachtet, wo man herkam. Das war egal. Heute machen sie, was sie für ein Geschiss machen, wenn man eine Wohnung will oder so.

*Habe ihr dann gesagt, dass ich so vorbestraft bin*
Ich war gerade krankgeschrieben, wegen eines Unfalls auf Montage. Da habe ich in der Fußgängerzone meine Frau kennengelernt. Sie war vor einem Geschäft gestanden, ich habe sie angesprochen, wir haben uns unterhalten. Später habe ich sie wieder getroffen. Da haben wir den ganzen Tag rumgemacht und dann habe ich sie in mein Zimmer genommen in die Pension. Und dann musste ich für sie am nächsten Tag auch noch mal Unterkunft bezahlen. Wir haben dann in der gleichen Nacht noch miteinander gepennt. Und dann habe ich sie wieder getroffen, habe sie besucht und habe ihr dann gesagt, ein paar Monate später, dass ich so vorbestraft bin. Und dann hat sie eine Zeit lang nichts von sich hören lassen und dann später an Weihnachten hat sie sich nochmals gemeldet. Und seither waren wir zusammen.

Die Heirat war im August 82, glaube ich. Ich weiß es nicht mehr genau. Ich bin nicht so fürs Feiern gewesen. Aber die Schwiegereltern haben dann doch ein Fest veranstaltet. Und Hochzeitsbilder machen lassen und alles. Ich bin da mehr so zu diesen Feiern gedrängt worden. Der Schwager war dabei, der Bruder von ihrem Vater, ihr Onkel. Meine Mutter war nicht dabei. Die wollte nicht. Die hatte immer so verweigerungsmäßig was drauf. Die Hochzeit, das Wochenende haben wir hinter uns gebracht. Heute würde ich da mehr reden können, mehr mitreden können. Aber damals nicht. Mein Bruder kam nicht zur Hochzeit.

*Den Namen meines Sohnes hat sie ausgewählt*

Im Januar 83 ist der Sohn zur Welt gekommen. Den Namen meines Sohnes hat sie ausgewählt. Die Beziehung zu meinem Sohn war gut, schön, ja. Habe mich riesig gefreut. Ich war bei der Geburt fast dabei. Es hat ewig gedauert. Ja, und dann haben sie diese Herzdinger da drangehabt, EKG. Irgendwann war es dann soweit, dass sie einen Kaiserschnitt machen mussten. Da musste ich natürlich raus.

Ich habe mehr Frauenbekanntschaften gehabt, wie ich verheiratet war, wie nicht. Das ist immer diese Krux an der ganzen Geschichte gewesen. Vielleicht sehen das die Leute einem an: Der ist verheiratet, der will nix.

Wir hatten eine Kellerwohnung. Einige Arbeitsstellen habe ich gehabt. Manche habe ich verloren, manche wieder gefunden. Auf Montage, auf verschiedenen Baustellen.

Das Verhältnis zu meiner Mutter war während der Ehe nicht so besonders. Und es ist auch heute nicht so besonders. Es ist irgendwie distanziert. Die ist nie zufrieden. Die meckert auch immer. Deswegen lohnt sich schon Abstand. Der kannst du es kaum recht machen.


*Mein Vater ist fast nie erwähnt worden. Na gut*

1983 war ich meine Mutter besuchen. Sie hatte eine Kneipe. Da war ich ab und zu. Meine Mutter und meine Frau haben sich schon unterhalten. Aber sie hat sich trotzdem isoliert gefühlt. Sie hat auch mit meinem Bruder ein bisschen Kontakt gehabt. Aber sonst, mit meinem Vater oder so. Kaum. Ja. Mein Vater war ja auch noch da. Der ist ja fast nie erwähnt worden. Na gut.

Zu meinem Vater hatte ich keinen nahen Kontakt. Die Mutter hat ja schon mit einem anderen zusammengelebt damals. Mein Vater ist gestorben, 1986/87. Das habe ich erfahren. Da wurde mir ein Brief nachgeschickt. Zu dieser Zeit hatte ich keinen Kontakt zu meiner Mutter. Erst 90/91 hat es wieder angefangen.

Die Verwandten hatten auch keinen Kontakt zu meinem Sohn. Im Januar 84 sind wir weggezogen. Im Heimatort der Schwiegereltern habe ich Arbeit gefunden. Die Schwiegereltern haben gesagt, wir könnten in dem alten Zimmer da unten wohnen. Da haben wir zu dritt da drin gewohnt. Das war beengt. Die haben uns unterstützt und haben uns geholfen. Das mit dem Kind war schön, die haben sich auch mit gekümmert.

1984 wurde ich gekündigt wegen Krankheit. Die durften mich doch nicht feuern, wenn ich krankgeschrieben war. Ich denke mal, vielleicht haben sie herausgekriegt, dass ich schon vorbestraft war. Da habe ich dann einen Prozess führen müssen, der mit einem Vergleich endete. Die Anwaltskosten waren fast so hoch wie der Vergleich.

Ich war öfters arbeitslos. Bin dann mit dem Auto rumgefahren, aus Langeweile. Fahre gerne Auto, ja. Und habe Bekanntschaften gemacht und gerne Anhalterinnen mitgenommen. Und da habe ich schon Erlebnisse gehabt mit Frauen, ohne Vergewaltigung.

Später habe ich dann einfach gesagt, jetzt will ich meinen Spaß haben, ja. Aber Spaß hat das nicht gemacht. Zwei Mal und eine versuchte.

*Und erst letztes Jahr bin ich rausgekommen*
Ich habe zwei Mal eine Frau mitgenommen und vergewaltigt. Die versuchte war eine Entführung. Also mitgenommen, eine Anhalterin. Und wenn man nicht dorthin fährt, in die Richtung, die sie wollen, dann ist das schon eine Entführung. Ein Versuch gewesen. Und dafür habe ich dann fünf Jahre bekommen, für alle zweieinhalb, drei Taten. Also Vergewaltigungen und Entführung.

Wir hatten keinen Freundeskreis. Meine Frau hat auch später gesagt, sie war ziemlich isoliert eigentlich. Keine Freunde und so. Das hat ihr auch zu schaffen gemacht, als ich weg war, dass sie keine Freunde hatte. Sie war daheim, hat sich ums Kind gekümmert.

Zur Zeit der Straftaten haben wir auch eine Wohnung gefunden. Am Sonntag sind wir umgezogen, und am nächsten oder übernächsten Tag haben sie mich schon verhaftet. Da musste sie wieder ausziehen. Sie war ja dann plötzlich ohne Mittel.

Wie es dann dazu gekommen ist. Klar, ich war noch jung und konnte mich nicht ausdrücken, war gehemmt, und wie das soweit war, war ich verheiratet und dann war ich gehemmt durch die Heirat und ja, gut; dann habe ich Abenteuer gesucht und auch ein paar gefunden.

Immer geleugnet. Aber sie hat schon mitgekriegt, dass was nicht stimmt. Sie hat viel ausgehalten, oft zu mir gehalten. So, im Nachhinein. Ja. War ich das Schwein. Ich habe alles geleugnet.

*Freundschaften habe ich keine gehabt*

Einen Freund hatte ich nur den einen, den Nachbarn, der mir das Auto verkauft hat. Der soll mittlerweile auch geschieden sein. Der hat mir immer mit dem Auto geholfen. Freundschaften habe ich keine gehabt. Keine Freunde, immer Einzelkind. Das ist von der Familie eingetrichtert worden. Und meine ganzen Brüder sind Einzelgänger. Das ist ja keine Ausrede für eine Straftat. Aber, die Möglichkeiten, die Entfaltungsmöglichkeiten waren nicht da, denke ich mir, dass ich mich in ein Hobby hineinarbeiten konnte oder dass ich mal eins finden konnte. Ich hatte kein Hobby.

In der Silvesternacht, da war Alkohol dabei. Hätten die im PLK mehr mit mir getan, mich aufgeklärt und geredet mit mir. Aber es hat ja auch keiner geredet mit mir dort. Ich war da einfach nur Patient und habe da den Tagesablauf abgelaufen. Kein Arzt, nix. Behandlungsmäßig war da nix. Dann wurde ich entlassen. Angeblich habe ich eine Behandlung gehabt. Das hat in meiner Akte drin gestanden später, was aber nicht gestimmt hat. Und habe eine Bewährungsauflage gehabt. Ich weiß nicht, ob ich den Bewährungshelfer getroffen habe. Ich kann mich nicht erinnern. Das ist heute ganz anders. Heute nehmen sie es eher ernst. Heute muss ich jede Woche kommen.

*Man hat es in der Familie totgeschwiegen*
In meiner Familie wurde nicht darüber gesprochen, als ich straffällig wurde. Man hat es totgeschwiegen. Ja, gut, schlimm, mach's nimmer und so. Und wenn man nicht über was spricht, dann gibt es auch keine Probleme, die man behandeln kann. Es erledigt sich von alleine, so wurde alles behandelt. Ich hatte dann auch keinen Kontakt mehr zu meinen Geschwistern. Nur mit meiner Mutter.

*Schnauze voll gehabt, von diesen Psychologen*
Ich konnte mit niemandem darüber reden. Und nach dem Gutachten, das damals zur Sicherungsverwahrung gemacht wurde, habe ich eine Behandlung gehabt. Es gab zu dem Zeitpunkt keine geeignete Behandlungsmaßnahme. Es hat auch keine stattgefunden. Deswegen kann man das auch nicht behaupten, immer wieder. Jedes Mal habe ich das denen erzählt, dass keine Therapie stattgefunden hat. Das hat sie nicht interessiert. Auch den nächsten Gutachter hat das nicht interessiert. Trotzdem haben sie immer geschrieben, abgeschrieben: Trotz Behandlung hat er dann die Straftaten begangen. Und das hat mich so geärgert, wenn da so gelogen wird. Deshalb habe ich auch die Schnauze voll gehabt von diesen Psychologen. Mit den Psychologen, mit denen kann man nicht reden. Die machen ihr Pensum ab und fertig.

*Dass man da weiterleben kann, gell?!*
Wie es mir ergangen ist, als ich nach der Straftat wieder nach Hause gekommen bin? Ja, gut. Das ist seltsam. Dass man da

weiterleben kann, gell. Man hat was gemacht … Haben Sie schon mal etwas geklaut und sind dann einfach so weitergegangen im Kaufhaus? Waren Sie mal ungehorsam und haben es verschwiegen? Oder so was? Es geht. Man lebt damit. Es gibt ja Geheimnisse, die man hat, die keinen was angehen. Selbst sieht man es ja nicht so schlimm. Ich habe ja die Frauen nicht als Schlampen, Hure oder so was bezeichnet. Also Missachtung oder so. Einer, der Frauen hasst und das macht, das ist ja was ganz anderes. Ja, es gibt ja verschiedene Arten. Deshalb gibt es ja ein Strafmaß von fünf bis fünfzehn Jahren.

Es war eine Erleichterung, als ich verhaftet wurde. War alles zu Ende. Ja, gut, habe geschlafen bei der Polizei. Haben mich vernommen und alles. Ich habe natürlich geplaudert. Ja, damals kriegte man keinen Anwalt. Heute kriegt man wenigstens einen Anwalt. Heute wird man über seine Rechte aufgeklärt. Habe ich geplaudert und das hätte ich nicht machen sollen. Das hat sich herumgesprochen und plötzlich haben sich Frauen gemeldet, ich hätte sie angesprochen oder versucht zu vergewaltigen. Plötzlich waren das sieben Vorkommnisse in den Akten. Von dreien, die wirklich waren, und alles andere hat sich wieder erledigt.

Sie hat sich scheiden lassen, nachdem ich verurteilt worden war. Seit ich eingesperrt bin, habe ich keinen Kontakt mehr zu meinem Sohn. Der war anderthalb Jahre alt, als ich eingesperrt wurde und hat die Erinnerung an mich verloren. Sie hat einen anderen Mann geheiratet. Und jetzt trägt er den Namen dieses Mannes. Und damit war die Sache erledigt. Ich habe ihm geschrieben. Ja, er meldet sich mal. Aber er hat sich nie gemeldet. Er hat meine Handynummer. Wenn er nicht will? Sehr wahrscheinlich schämt er sich dafür.

### Ludwig Roser ist verurteilt
Für Ludwig Roser wird 1985 mit dem oben zitierten Urteil die Unterbringung in der Sicherungsverwahrung angeordnet. Er

erfüllt gerade die formalen Voraussetzungen zu deren Anordnung.

Das Jugendschöffengericht hatte ihn wegen einer versuchten Vergewaltigung und zwei Fällen der Beleidigung im Alter von siebzehn Jahren zu einer Jugendstrafe von acht Monaten verurteilt, die zur Bewährung ausgesetzt wurde. Drei Monate hatte er in Untersuchungshaft verbracht. Zu einer Vergewaltigung war es nicht gekommen, weil er von einem Passanten gestört wurde. Den Beleidigungen lag zugrunde, dass er zwei Mal Frauen an der Brust berührt hatte. Bewährungsauflage war, dass er sich psychotherapeutisch behandeln lassen sollte. In einer stationären Untersuchung hatte man festgestellt, Ludwig Roser leide an Verhaltensstörungen, insbesondere in Bezug auf normale Kontaktaufnahmen zu Frauen. Nachdem er mehrfach lange Wartezeiten hatte hinnehmen müssen, beendete Ludwig Roser diese Behandlung wieder. Die Bewährung wurde nach zwei Jahren beendet, nachdem es zu keinen Auffälligkeiten mehr gekommen war.

Im zweiten Verfahren wurde Ludwig Roser 1979 im Alter von zwanzig Jahren wegen Vergewaltigung, begangen im Zustand verminderter Schuldfähigkeit, verurteilt und in ein psychiatrisches Krankenhaus eingewiesen, sein PKW wurde eingezogen und eine Sperrfrist für die Erteilung einer Fahrerlaubnis verhängt. Ludwig Roser hatte einer Frau, die auf ein Taxi wartete, angeboten, sie nach Hause zu fahren, und sie stattdessen an einer abgelegenen Stelle vergewaltigt. Die Auffälligkeiten in seiner Persönlichkeitsstruktur wurden als „schwere andere seelische Abartigkeit" im Sinne des § 21 Strafgesetzbuch diagnostiziert.[18] Als auffällig wurde gewertet, dass er eine selbstunsicher-gehemmte, depressive und gleichzeitig vermehrt sensible, empfindliche Persönlichkeit sei und erhebliche Kontaktstörungen habe. „Die damit verbundene Gleichgültigkeit gegenüber bestimmten, normalerweise in kommunikativen Wechselbeziehungen hemmend erlebten Wertvorstellungen, d.h. ein sekundärer Hemmungsverlust, lasse die aggressive Komponente des Geschlechtstriebs des Angeklagten, die auch unter völlig normalen Verhältnissen, allerdings überformt, anzutreffen sei, im Hinblick auf dessen Kontaktstörungen voll zur Auswirkung kommen."[19]

Ludwig Roser wurde in einem Psychiatrischen Landeskrankenhaus zur Vollstreckung der Maßregel untergebracht. In den ersten neun Monaten fand dort lediglich eine Verwahrung statt. Über zwei Einzelgespräche und Entspannungsübungen kam er doch noch in den Versuch eines gestuften Programms einer Gruppen- und Einzeltherapie, in dem begonnen worden sei, seine Probleme im Kontaktbereich aufzuarbeiten. Er habe eine gute Führung und gewisse Erfolge in der psychotherapeutischen Behandlung gezeigt. Ein Wandel in seiner bislang apathisch depressiven Grundhaltung sei erreicht worden. Er habe sich um eine Wiedereingliederung in die Gesellschaft bemüht und Kontakte zu Mädchen gehabt, die mit ihm therapeutisch aufgearbeitet wurden. Aufgrund dieser Entwicklungen empfahlen die Ärzte seine Entlassung, die dann auch erfolgte.[20]

In drei Jahren Bewährungszeit sah sein Bewährungshelfer keine Auffälligkeiten. Danach wurde die Maßregel Bewährung erlassen.

Im Jahr 1985 wurde Ludwig Roser vom zuständigen Landgericht wegen „zweier Verbrechen der Vergewaltigung, davon in einem Fall in Tateinheit mit einem Vergehen der Entführung gegen den Willen der Entführten, sowie wegen versuchter Vergewaltigung in Tateinheit mit Freiheitsberaubung" zu einer Gesamtfreiheitsstrafe von fünf Jahren verurteilt, die anschließende Unterbringung in der Sicherungsverwahrung angeordnet. Dem Urteil lag zugrunde, dass Ludwig Roser in drei Fällen junge Frauen in seinem Fahrzeug mitgenommen und sie an abgelegene Stellen gefahren hatte, wo er sie vergewaltigte. Eine der Frauen konnte ihm entkommen, weshalb es hier beim Versuch blieb.

Der in der Verhandlung angehörte Sachverständige sah die im früheren Verfahren angenommenen Persönlichkeitsstörungen, auch im Sinne einer seelischen Abartigkeit, wertete sie aber nicht im Sinne des § 21 StGB als Grund zur Annahme einer verminderten Schuldfähigkeit. „Der überdurchschnittlich intelligente Angeklagte (IQ 112)" habe „von seinen durchaus vorhandenen Steuerungsfähigkeiten keinen Gebrauch gemacht und sich gehen lassen". Der Sachverständige stellte eine Behandlungsbedürftigkeit fest, die im Rahmen einer Psychotherapie stattfinden soll. Dies und der Umstand, dass die Sozialtherapeutische Anstalt eine entsprechende Therapie anbot, bewog die Kammer zur Anordnung der Sicherungsverwahrung – trotz der Umstände, die aus Sicht des Gerichts zugunsten des Angeklagten sprachen:

„Zugunsten des Angeklagten wird weiter gewürdigt, dass die familiären Gegebenheiten in seinem Elternhaus nicht besonders gut waren. Sein Vater und seine Mutter kümmerten sich nicht allzu sehr um ihn und er hatte keine eigentliche Bezugsperson. Diese Umstände bewirkten wohl, dass er lange Bettnässer war und später bei ihm auch frühneurotische Störungen aufkamen, unter denen er noch heute leidet. Es liegt bei ihm eine schwere seelische Abartigkeit vor. Daraus entsprangen in einem gewissen Umfang mit seine Taten.

Für den Angeklagten ist weiter in Ansatz zu bringen, dass er bei den vorliegenden Taten keine eigentliche körperliche Gewalt anwandte. Die Zeuginnen schilderten ihn eher als behutsam. Die Folgen der Delikte bei den Geschädigten waren im Vergleich zu sonstigen derartigen Taten nicht zu gravierend. Seine Opfer konnten das Geschehen verdrängen oder zwischenzeitlich annähernd verarbeiten.

Schließlich beachtet die Strafkammer noch für den Angeklagten, dass er in hohem Maß strafempfindlich ist und bereits die Untersuchungshaft – erkennbar auf ihn eingewirkt hat. Der Angeklagte ist relativ jung. Er hat annähernd keine Beziehungen zu Personen außerhalb der Haftanstalt, nachdem seine Ehefrau wegen der vorliegenden Geschehnisse die Ehe mit ihm nicht fortsetzen will. Gerade dies trifft den Angeklagten schwer, zumal er vor allem sehr an seinem Sohn hängt."[21]

### 25 Jahre – und jetzt?

Zum Zeitpunkt der Verurteilung bedeutet dies für Ludwig Roser, dass ihm nach fünf Jahren verbüßter Freiheitsstrafe noch zehn Jahre Unterbringung in der Sicherungsverwahrung drohten. Tatsächlich wurde er nach 26 Jahren und neun Monaten Freiheitsentzug im September 2010 aus der Haft entlassen; elf Jahre und neun Monate später, als er es sich bei der Urteilsverkündung für den schlimmsten Fall hätte ausrechnen können.

# Leben mit dem Urteil

*„Das Gefängnis beraubt den Menschen nicht nur der Freiheit,*
*es sucht, ihm auch die Identität zu nehmen"*

Nelson Mandela

Leicht waren die Haftbedingungen für Gerhard Kraus und
Ludwig Roser sicher nicht. Zu Beginn der Haftzeit von Gerhard Kraus galt noch nicht einmal das neue Strafvollzugsgesetz. Der Reform des Strafvollzugs waren Gefängnisskandale
vorausgegangen; es war sogar zu von Bediensteten verursach-
ten Todesfälle von Gefangenen gekommen. Vor der Reform
waren disziplinarische Maßnahmen wie Essensentzug, Dun-
kelhaft, Schweigehof und anderes zulässig. Die Gefangenen
durften die Vollzugsbeamten nicht ungefragt ansprechen.

An das neue Strafvollzugsgesetz richteten sich viele, auch
euphorische Erwartungen. Es hatte als oberstes Ziel eine an der
Resozialisierung der Gefangenen orientierte Behandlung.
Schädlichen Auswirkungen sollte entgegengewirkt werden, der
offene Strafvollzug galt als Regelvollzug. Lockerungen, Ausbildung, psychologische, sozialarbeiterische Behandlung und
Unterstützung waren als Standardmaßnahmen formuliert. Da
hätte es doch mit Gerhard Kraus und Ludwig Roser, die ja bei
ihrem Haftbeginn gerade erst um die 25 Jahre alt waren, im
Sinne einer baldigen Wiedereingliederung in die Gesellschaft
gut laufen können.

## Bestrafte Zeit

Unter dem Titel „Die bestrafte Zeit" veröffentlichte der Autor Henry Jäger im Jahr 1964 einen Roman, in dem er seine Zuchthauszeit beschreibt. Die meiste Zeit hatte er im Freiburger Gefängnis gesessen, wo auch Gerhard Kraus und Ludwig Roser die Zeit ihrer Sicherungsverwahrung verbrachten. Im Titel drückt er bereits aus, wie er die Inhaftierung erlebte, als eine Zeit, in welcher der Gefangene als Mensch unwichtig wird; seine (Lebens)Zeit wird bestraft.

Wenn das auf einen Inhaftierten zutrifft, dann auf Gerhard Kraus. Können Sie sich 35 Jahre vorstellen? Aus Filmen, in denen Gefangene versuchen, ein Gefühl für die vergangene Zeit zu bekommen, kennen Sie vielleicht das Zählen der Tage mit Strichen an der Wand:

Ⅲ̶Ⅱ Ⅲ̶Ⅱ Ⅲ̶Ⅱ Ⅲ̶Ⅱ Ⅲ̶Ⅱ Ⅲ̶Ⅱ Ⅲ̶Ⅱ Ⅲ̶Ⅱ Ⅲ̶Ⅱ Ⅲ̶Ⅱ Ⅲ̶Ⅱ Ⅲ̶Ⅱ Ⅲ̶Ⅱ Ⅲ̶Ⅱ Ⅲ̶Ⅱ
Ⅲ̶Ⅱ Ⅲ̶Ⅱ Ⅲ̶Ⅱ Ⅲ̶Ⅱ Ⅲ̶Ⅱ Ⅲ̶Ⅱ Ⅲ̶Ⅱ Ⅲ̶Ⅱ Ⅲ̶Ⅱ Ⅲ̶Ⅱ Ⅲ̶Ⅱ Ⅲ̶Ⅱ Ⅲ̶Ⅱ Ⅲ̶Ⅱ Ⅲ̶Ⅱ
Ⅲ̶Ⅱ Ⅲ̶Ⅱ Ⅲ̶Ⅱ Ⅲ̶Ⅱ Ⅲ̶Ⅱ Ⅲ̶Ⅱ Ⅲ̶Ⅱ Ⅲ̶Ⅱ Ⅲ̶Ⅱ Ⅲ̶Ⅱ Ⅲ̶Ⅱ Ⅲ̶Ⅱ Ⅲ̶Ⅱ Ⅲ̶Ⅱ .

Sie können das gerne weiterzeichnen; wenn Sie bei 12 775 Strichen angekommen sind, haben Sie die Zahl der von Gerhard Kraus ununterbrochen verbüßten Hafttage erfasst. Falls Sie ein Meterband abreißen wollen, sollten Sie ein Band mit etwa 128 Metern benutzen.

Besonders schwer zu ertragen wird diese Zeit, wenn Sie sich, wie Gerhard Kraus, als unschuldig verurteilt sehen. Von Anfang an bestreitet er die ihm zur Last gelegten Taten. Und das bis heute, mit sturer Konsequenz. Vielleicht hatte er innerlich den Kampf zwischen Stolz und Gedächtnis gefochten, den Nietzsche so anschaulich formuliert hat; vielleicht ist es das, was Psychoanalytiker Verdrängung nennen. Oder einfach Leugnen, Unschuld, oder was auch immer …

Wie verhält sich Gerhard Kraus in dieser Lage? Gerhard Kraus passt sich an, weil es wohl gar nicht anders geht oder weil das die Überlebensstrategie ist, die er in seinen Heimaufenthalten erlernt hat. Er passt sich dem Gefangenenmilieu an. Er fällt auf durch Alkoholkonsum, der auch das innerhalb der Gefängnismauern bekannte Maß übersteigt; er macht Geschäfte mit Mitgefangenen, wird erwischt, wie er für andere Drogen „bunkert". Und er ist renitent und aggressiv – ein unbequemer Gefangener. Gleichzeitig passt er sich an nach dem Motto „Gib dem Kaiser, was des Kaisers ist". In seinen Erinnerungen spielt vor allem die Arbeit innerhalb des Gefängnisses eine Rolle. Strafgefangene sind zur Arbeit verpflichtet, und Gerhard Kraus arbeitet und beschreibt das so:

1966 in Schwäbisch Hall: Mokassins nähen; Pensum zehn Paar pro Tag.

1969 bis 1971 in Pforzheim: Kabel und Stecker montieren, Hausreiniger (im badischen Gefängnis als „Schänzer" bezeichnet), Stanzarbeiten für eine externe Auftragsfirma.

1971 bis 1974 in Mannheim: Schuhe nähen für die Firma Salamander, Pensum zwölf Paar pro Tag.

1974 bis 1975 in Rottenburg: Stühle flechten.

1975 bis 1977 in Stuttgart-Stammheim: Fahrräder einspeichen und warten auf die Gerichtsverhandlung.

1977 bis 1991 in Bruchsal: Arbeiten in der Schneiderei, Schuhmacherei, Druckerei, Polsterei und zeitweise Beschäftigung in einer Arbeitstherapie.

1991 bis 2010 in der Justizvollzugsanstalt Freiburg in der Sicherungsverwahrung: Arbeit in der Anstaltswäscherei, danach Besuch eines Vorbereitungskurses zum Hauptschulabschluss, den er auch erlangt. Ein Jahr lang besucht er noch einen Realschulkurs, den er aber abbricht; möglicherweise war er überfordert.

In der Gefängnisstruktur lebt er sein eigenes Leben und verbringt viel Zeit mit seinen Hobbys. Er beginnt zu sticken, bis er keine finanziellen Mittel zur Beschaffung der benötigten Utensilien mehr hat. Mit Geduld legt er Puzzles. Er erlernt die Schrift unserer Großeltern und schreibt ganze Bücher in schöner Handschrift ab; beim Schreiben beginnt er auch, eigene, kleine Geschichten zu verfassen, die einerseits anrührend naiv klingen, aber auch einen zusätzlichen Zugang zu ihm ermöglichen. So sucht er vielleicht eine eigene Identität; eine, die ihm das Gefängnis nicht nehmen kann.

Und er verweigert sich: Therapiemaßnahmen kommen für ihn als einem unschuldig Verurteilten nicht in Betracht. Nach dem Strafvollzugsgesetz findet zu Beginn der Haft und dann mindestens jährlich eine sogenannte Vollzugsplankonferenz statt. In dieser werden die wesentlichen Eckdaten der Vollzugsplanung festgeschrieben: Wo wird der Gefangene untergebracht, in welcher Abteilung, in Einzel- oder Gemeinschaftsunterbringung, im offenen oder geschlossenen Vollzug? Wie wird er beschäftigt, soll er in einem Betrieb der Justizvollzugsanstalt arbeiten, eine Ausbildung absolvieren, einen Schulabschluss nachholen? Welche Freizeitangebote erhält er? Und natürlich: Welche Behandlungsangebote werden ihm gemacht, was ist sinnvoll, was kann er mitmachen? Wie sieht es mit Kontakten nach draußen aus? Werden Lockerungen aus dem Vollzug in Betracht gezogen, welche? Gibt es Überlegungen zur Entlassvorbereitung?

Für Gerhard Kraus bedeutet dies über 35 Jahre mindestens einmal im Jahr in der Vorbereitung dieser Konferenz eine Konfrontation mit Fragen: Haben Sie es nicht doch getan? Geben Sie es zu? Bereuen Sie es? Machen Sie eine Therapie mit?

Nein, Gerhard Kraus weigert sich, weil er sich zu Unrecht verurteilt sieht. Es gibt keinen Kompromiss, keine Bewegung. Dies zeigt sich besonders zu Anlässen wie der Prüfung der vorzeitigen Entlassung nach zwei Dritteln der Strafe,[22] nach Ende der Freiheitsstrafe, zum Beginn der Unterbringung in der Sicherungsverwahrung und bei Prüfungsterminen zur Fortdauer der Sicherungsverwahrung. Alle diese Überprüfungen bringen keine Bewegung: Tatverleugnung bedeutet keine Therapie und keine Entlassung. So schreibt der Leiter der Justizvollzugsanstalt noch im August 2010 in einer Stellungnahme über Gerhard Kraus anlässlich des Verfahrens nach § 67e StGB[23]: „Eine therapeutische Aufarbeitung der Straftaten sowie der dieser zugrunde liegenden Problematik konnte zu keinem Zeitpunkt erfolgen, da der Sicherungsverwahrte die Straftaten durchweg geleugnet hat und keinerlei Motivation zu einer Aufarbeitung zeigte (…). Zusammenfassend kam der Gutachter bereits zum damaligen Zeitpunkt zu dem Ergebnis, dass alle statischen, also nachträglich nicht mehr korrigierbaren Prognosefaktoren wie biographische Daten und Vordelinquenz bei dem Sicherungsverwahrten sehr ungünstig seien. Bei den dynamischen Faktoren, bei denen der Verurteilte Gelegenheit gehabt hätte, durch eigenes Zutun ein positives Gegengewicht zu schaffen, sehe es nicht besser aus. Weder habe er sich in Haft einer Therapie unterzogen, noch seine Straftaten als Bestandteil seines Lebens akzeptiert und aufgearbeitet. Als einzig positive Variable verbleibe die Persönlichkeitsänderung aus sich heraus mit fortschreitendem Alter."

Diese Stellungnahme wurde erstellt, als die ersten Sicherungsverwahrten bereits aufgrund des Straßburger Urteils entlassen sind. Der Text ist wörtlich aus einem bereits im Jahr 2007 erstellten Prognosegutachten übernommen. Nicht übernommen ist allerdings der Absatz, der im damaligen Gutachten folgte und in dem der Gutachter ausführte: „Der heute

57-Jährige ist sicher nicht mehr der gleiche wie vor 31 Jahren. Er ist deutlich ruhiger geworden und viele psychopathologischen Merkmale lassen sich nicht mehr nachweisen. Wahrscheinlich gehört er nicht mehr zu einem Hochrisiko-Klientel, bei dem die individuelle Risikodisposition eindeutig zu beantworten wäre. Das verbleibende Risiko ist den vorangestellten Ausführungen nach nur schwer zu beurteilen, die prognostischen Unsicherheiten sind mit psychiatrischen Methoden nicht aufzulösen. Die Psychiatrie als Interpretationswissenschaft stößt an ihre Grenzen, wo bei den entscheidenden Fragen beobachtbares Verhalten fehlt."

Nicht aufgenommen in ihre Stellungnahme vom August 2010 hat die Justizvollzugsanstalt auch den Tenor eines Beschlusses des Oberlandesgerichts Karlsruhe vom Mai 2008, in dem es zu Gerhard Kraus heißt: „Die aus der Stellungnahme der JVA Freiburg vom 11.04.2007 erkennbare Haltung, therapeutische Angebote – insbesondere psychologische Gespräche – im Sinne einer Bringschuld des Untergebrachten nur dann zu unterbreiten, wenn sie von diesem gewünscht werden, wird der den Vollzugsanstalten nach der Rechtsprechung des Bundesverfassungsgerichts zugedachten aktiven Rolle bei der Resozialisierung nicht gerecht – zumal es sich bei den betroffenen Untergebrachten in der Regel um Personen handelt, denen es allein aufgrund ihrer Persönlichkeitsstruktur nicht leicht fallen dürfte, eigeninitiativ Zugang zu therapeutischen Angeboten zu finden. Hinzu kommt, dass die Vollzugsanstalt der Anregung der Strafvollstreckungskammer des Landgerichts Freiburg in ihrem Beschluss vom 15.8.2005, den Untergebrachten in Lockerungen zu erproben und ihm begleitete Ausgänge zu gewähren, nicht gefolgt ist. Da auch der Sachverständige regelmäßige begleitete Ausführungen empfohlen hat, erwartet der Senat, dass diese Lockerungen nunmehr Eingang in die Vollzugsplanung finden. Auch wenn der Untergebrachte sich seit Jahren der sicherlich wünschenswerten Sozialtherapie verweigert, folgt der Senat dem Sachverständigen in seiner Einschätzung, dass eine niederschwellige Verhaltenstherapie, die allein dazu dienen soll, soziale Kompetenzen durch das Erlernen von Verhaltensstrategien zu erhöhen, nicht aussichtslos ist und im Sinne des Versuchs einer Resozialisierung des Untergebrachten geboten ist. Auch bei dieser Maßnahme kann aufgrund der vorstehenden Erwägungen nicht auf die Initiative des Untergebrachten gewartet werden. Da nach Aktenlage kein nennenswerter Kontakt zu dem zuständigen Anstaltspsychologen besteht, hält es der Senat für angezeigt, für das Therapieangebot auf einen anderen – ggf. auch externen Psychologen zurückzugreifen."

In dieser Deutlichkeit hat das Oberlandesgericht die Justizvollzugsanstalt gerügt, nachdem dort die Vorgaben des Gerichts aus dem Jahr 2005 nicht umgesetzt wurden. Unabhängig von den kritischen Worten des Oberlandesgerichts hat ein Gutachter im März 2009 deutliche Worte gefunden und ausgeführt: „Vorab sollte eine Überzeugungsbildung bei den verantwortlichen Mitarbeitern der JVA Freiburg stattfinden, dass, bzw. ob man Herrn K. tatsächlich resozialisieren will und bereit und in der Lage ist, die personellen und finanziellen Mittel dafür zur Verfügung zu stellen. Hintergrund für diese eigentlich banale Empfehlung ist, dass es manchmal an der inneren Haltung der Helfer bzw. Therapeuten liegt, ob eine Planung gelingt oder nicht. Eine solch positive Haltung müsste Herr K. spüren, um überhaupt wieder aus seiner Verweigerung herauszukommen. (…) Mit der von wohlwollender Bereitschaft getragenen Vorstellung des Resozialisierungskonzepts und der damit verbundenen Bedingungen hätte die Vollzugsanstalt den ersten Schritt getan. Nunmehr läge es an Herrn K., das Angebot und seinen Beitrag dazu zu akzeptieren."

Es ist zu fürchten, dass es an diesen aktiven Angeboten 35 Jahre lang gefehlt hat. Dass Gerhard Kraus in der Lage ist, Angebote zu nutzen und für sich anzunehmen, hat er mehr oder weniger im Verborgenen bewiesen. Er war daran interessiert, Kontakt zu einem ehrenamtlichen Betreuer der Justizvollzugsanstalt aufzunehmen. Ehrenamtliche Betreuer sind Bürgerinnen und Bürger, die sich bereit erklären, Gefangene zu besuchen und ihnen während der Haftzeit einen Kontakt nach draußen zu bieten. Sie werden nach einer Überprüfung durch die Justizvollzugsanstalt für diese Tätigkeit zugelassen und haben die Möglichkeit, den ihnen zugewiesenen Inhaftierten unbeaufsichtigt zu besuchen und Briefkontakt zu pflegen.

Gerhard Kraus bekommt Hedwig Schilling zugeteilt. Eine Besonderheit bei ihr ist, dass sie ihre Tätigkeit parallel zu einer gestalttherapeutischen Ausbildung ausübt. In Aufzeichnungen fasst sie die Erfahrungen der Begleitung zusammen und reflektiert sie für ihre Abschlussarbeit zur Gestaltberaterin. Freundlicherweise hat sie mir Auszüge aus ihren Aufzeichnungen überlassen, die ich im Anhang dokumentiere.

Mich hat beim Lesen dieses Berichts beeindruckt, mit wie viel Herz und Verstand Hedwig Schilling Gerhard Kraus begegnet ist. Sie nimmt auf, was er an Gesprächsstoff und Verhalten bietet und zeigt eine freundliche Klarheit und Distanz. Ihr abschließender Satz zur Begleitung von Gerhard Kraus ist: „Mein Anliegen war vor allem eine menschenwürdige Begegnung, die möglicherweise die Chance zur Veränderung in sich birgt!"

All das war offensichtlich von offizieller Seite nicht möglich, ausschließlich begründet mit dem Hinweis auf die konsequente Tatleugnung. Dabei gibt es durchaus Experten, die ein Eingeständnis des Verurteilten zur Tat nicht als Voraussetzung für eine erfolgreiche Therapie sehen. In einem Gutachten namhafter psychiatrischer, psychologischer und juristischer Experten zur Frage der Behandlung von Sexualstraftätern im Maßregelvollzug führen die Autoren unter anderem aus: „Darüber hinaus macht es die Vielschichtigkeit der Diagnosen verständlich, dass es ‚die‘ Therapie für gefährliche Sexualstraftäter nicht geben kann; dies selbst dann nicht, wenn bestimmte Methoden für Gruppen von ihnen ‚gebündelt‘ anwendbar scheinen. (…) Ihn (den Schritt der Tataufarbeitung; Anm. d. Verf.) zu gehen, ist bei Sexualstraftätern sowohl für den Patienten als auch für den Therapeuten mit all den Schwierigkeiten belastet, die aus der besonderen Art des Delikts folgen, vor allem mit den Scham- und Schuldgefühlen, die ein Ansprechen des Delikts bei dem Patienten auslöst und die es ihm erschweren, wirklich offen zu sein. Mit aus diesem Grunde ist daher einschränkend zu sagen, dass die individuelle ‚Tatbearbeitung‘ nicht zwingend und unabdingbar am Beginn einer jeden Behandlung stehen muss. Denn der Täter ist möglicherweise zu einer Konfrontation mit dem Tatgeschehen zunächst gar nicht in der Lage. (…) In solchen Fällen, namentlich bei besonders gravierenden Verbrechen, aber auch aus anderen Gründen kann es sinnvoll sein, die Aufarbeitung des Tatgeschehens auf einen späteren Zeitpunkt zu verschieben und mit der Behandlung zunächst bei den ‚quasi-gesunden‘ Persönlichkeitsanteilen des Patienten anzusetzen, mit denen er seinen Lebensalltag bewältigt.“[24]

Unter diesen Prämissen hätte man Gerhard Kraus behandeln und unterstützen können. Auch er hat gesunde Anteile, die er nach seiner Entlassung zeigen wird. Und auch er hat Verletzungen erleiden müssen, die einer Heilung bedurft hätten. Dazu hätte es klare Zuwendung und Anteilnahme bei kritischer Distanz und Haltung gebraucht. Was er erfahren hat, war ablehnende Konfrontation, mit der keine persönliche Störung geheilt wird.

## Chancenvollzug

*„Du hast keine Chance, aber nutze sie!"*

*Herbert Achtenbusch*

Ludwig Rosers Geschichte unterscheidet sich wesentlich von der des Gerhard Kraus. Bereits nach der letzten Tat überkommt ihn offensichtlich ein Gefühl der Reue. Er erzählt der Geschädigten seine Lebensgeschichte, fährt sie zurück, versucht, sich zu entschuldigen, und bietet ihr die Zahlung eines Schmerzensgeldes an.

In den ersten Tagen der Untersuchungshaft unternimmt er einen Suizidversuch, was ihm misslingt, sodass er mit dem Geschehenen weiterleben muss. Nach der Rechtskraft des Urteils meldet er sich zur therapeutischen Behandlung in die Sozialtherapeutische Anstalt.

Und die scheint zunächst auch erfolgreich zu verlaufen. Im Jahr 1987 beginnen erste vorsichtige Lockerungen, Ludwig Roser darf in Begleitung von Therapeuten die Anstalt zu Einkaufsgängen verlassen. 1988 wird diese Maßnahme ausgeweitet, er darf an freizeitpädagogischen Gruppenmaßnahmen in Begleitung von Bediensteten teilnehmen. Bei keiner dieser Maßnahmen fällt er durch Aktivitäten wie Missbrauch des Vertrauens oder Fluchtversuche auf. Er sieht die Chance, seinem Leben eine andere Richtung zu geben. Und dennoch kommt es ein Jahr vor Ende der Freiheitsstrafe und damit dem Eintritt der Sicherungsverwahrung zu einem Bruch. Ludwig Roser lässt sich in den sogenannten Regelvollzug zurückverlegen. Zum einen sieht er nach den drei Jahren, in denen er jetzt therapeutische Maßnahmen aktiv angenommen hat, keine weiteren Entwicklungsmöglichkeiten für sich. Zum anderen hofft er im „Normalvollzug" auf bessere Chancen, seine beruflichen Fertigkeiten als gelernter Stahlbauschlosser aufzufrischen und so seine berufliche Wiedereingliederung zu erleichtern. Diese

Entscheidung, verbunden mit seiner Weigerung, sich von einem psychiatrischen Sachverständigen begutachten zu lassen, führt dazu, dass er die Sicherungsverwahrung im Juni 1989 in der Justizvollzugsanstalt Freiburg antreten muss. In der ersten dort erfolgten Vollzugsplankonferenz ist die Einteilung zur Arbeit die einzige konkret festgehaltene Maßnahme; er hatte sich mehr erhofft und verweigert zunächst die Arbeit. Er erhält die Gelegenheit, die anstaltsinterne Realschule zu besuchen und bekommt eine erneute Chance zur Begutachtung zur Frage einer Entlassung in Aussicht gestellt. Die Begutachtung erfolgt 1992. Ergebnis sind neue Überlegungen zu Lockerungen, die einer Entlassungsvorbereitung vorausgehen sollen. Sowohl die anstaltsinterne Konferenz als auch die zuständige Strafvollstreckungskammer wollen diesen Schritt der Lockerungen ermöglichen. Da das Justizministerium die Zustimmung zum Lockerungsplan ablehnt, wird dieser nicht umgesetzt.

Ludwig Roser schließt die Realschule erfolgreich mit der Mittleren Reife ab. Die Lehrer der Justizvollzugsanstalt halten ihn geeignet für weitere Bildungsmaßnahmen; er besucht einen Kurs zur Erlangung der Fachhochschulreife, die er innerhalb von zwei Jahren erreichen könnte. Eine Chance, die sich zerschlägt, als ihn im Dezember 1993 ein Mitgefangener beschuldigt, eine Geiselnahme zu planen. Aus den Schulprüfungen heraus wird er kurzfristig aus der Anstalt wegverlegt und findet sich mit entsprechenden Sicherungsmaßnahmen in der Justizvollzugsanstalt Bruchsal wieder. Hier wird zumindest sein Bemühen um den Abschluss der Fachhochschulreife unterstützt. Er erhält Unterrichtsmaterialien, bereitet sich auf die Prüfungen vor; letztlich lässt ihn das Oberschulamt nicht zur Abschlussprüfung zu. Die Gründe dieser Ablehnung erschließen sich ihm nicht.

Im November 1994 verhandelt das Amtsgericht Freiburg den Vorwurf der geplanten Geiselnahme; die Staatsanwaltschaft beantragt einen Freispruch und leitet ein Verfahren wegen falscher Anschuldigung gegen den Anzeigeerstatter ein. Die Vorwürfe gegen Ludwig Roser stellen sich als nicht haltbare „Knastparolen" heraus.

In der Folge wird er im Rahmen einer Ausführung durch Vollzugsmitarbeiter in einer Übergangseinrichtung der Haftentlassenenhilfe vorgestellt. Eine Aufnahme zur Probe wird geplant, jedoch lehnt die zuständige Strafvollstreckungskammer die Entlassung ab. Ludwig Roser scheint zu resignieren. Er sitzt im Bruchsaler Gefängnis ohne Beschäftigung, die er zwischenzeitlich für sich ablehnt.

Im Januar 1997 wird er in die Justizvollzugsanstalt Freiburg zurückverlegt, die für den Vollzug der Sicherungsverwahrung zuständig ist. Die Gründe für die Verlegung nach Bruchsal haben sich als haltlos erwiesen, trotzdem belegt ihn die Freiburger Vollzugsanstalt noch bis 2003 mit internen Sicherungsmaßnahmen.

1998 eröffnet ihm der zuständige Anstaltsleiter die neue Gesetzeslage zur Sicherungsverwahrung, die für Ludwig Roser eine Entlassung in weite Ferne rücken lässt: Die bisher gültige Höchstfrist von zehn Jahren für die Verwahrung ist aufgehoben. Mit Hinweis auf den früheren Verdacht der geplanten Geiselnahme, der gerichtlich ausgeräumt ist, wird ihm die erneute Teilnahme am Kurs zur Erlangung der Fachhochschulreife verweigert.

Von diesem Zeitpunkt an beschäftigt sich Ludwig Roser vorwiegend mit den rechtlichen Fragen seiner Situation. Er macht sich kundig und beschreitet mehrfach selbst den juristischen Klageweg. Zwei Mal zum Europäischen Gerichtshof für Menschenrechte, nachdem das Bundesverfassungsgericht 2004 die rückwirkende Aufhebung der Höchstfrist von zehn Jahren nicht für beanstandungswürdig ansieht. Zwischenzeitlich fühlt er sich im Gefängnis schikaniert. Sein Leben besteht nur noch aus der Hoffnung auf den Tag X, an dem er erfolgreich seinen Klageweg mit einer Entlassung krönen kann.

Und dieser Tag ist im September 2010 gekommen. Ludwig Roser, der niemanden umgebracht hat und dem die Richter im Urteil noch eine sehr zurückhaltende Tatausübung positiv anrechneten, verlässt das Gefängnis nach 26 Jahren ununterbrochener Inhaftierung.

Was hat Ludwig Roser in seiner Haftzeit falsch gemacht, dass er so lange inhaftiert bleiben musste und nur gegen den Widerstand der Vollzugsbehörden entlassen wurde?

Immerhin zeigte er von Beginn an gegenüber einem Tatopfer Reue. Ein deutlicher Hinweis hierfür ist sein misslungener Suizidversuch. Er nimmt die Angebote des Strafvollzugs an und meldet sich zur Aufnahme in eine Sozialtherapeutische Anstalt. Drei Jahre unterzieht er sich dort der stationären psychotherapeutischen Behandlung. Als er keine Möglichkeit des Weiterkommens mehr sieht, setzt er auf die Karte der beruflichen Wiedereingliederung, die sich jedoch nicht als der erhoffte Joker erweist.

Der Leiter der Freiburger Justizvollzugsanstalt ist einer der Verfechter des Konzepts „Chancenvollzug". Damit wird umschrieben, dass man zwar nicht jeden Strafgefangenen bessern kann, dass man aber im Gefängnis jedem eine Chance biete, der sie annehmen will. Die Chance in der Freiburger Justizvollzugsanstalt liegt im ausgebauten, differenzierten Bildungssystem, das die vollzugsinterne Schule anbietet. Ludwig Roser nimmt diese Chance an, ohne dass sie für ihn zum erwünschten Ergebnis führt.

# Risiko und Angst

*„No risk, no fun!"*

In unserer Gesellschaft, die einen besonderen Jugendkult pflegt und in der mancher seine gefühlte Jugend erst nach dem siebten Lebensjahrzehnt so langsam als beendet ansehen will, erscheint dieses Motto als ein Leitmotiv für viele. Wenn Sie den Satz „googeln", erhalten Sie über vierzehn Millionen Treffer. In vielen Lebensbereichen sehen wir Risiken als alltäglich und als Voraussetzung für „Fun" an – und nehmen sie in Kauf. Wenn Sie sich die Frage stellen „Welche Risiken nehme ich einfach so jeden Tag hin?", fallen Ihnen sicher manche ein, die nicht strafbewehrt sind. Viele suchen sich extreme Risiken, kitzeln Ihre Nerven mit Bungee-Jumping, rauchen, trinken Alkohol …

Sie können also mit Ängsten und Risiken umgehen, doch welche Ängste treiben uns wirklich um? Statistisch betrachtet ergibt sich folgendes Bild:[25]

Die hauptsächlichen Ängste der Deutschen:

| | |
|---|---|
| Steigende Lebenshaltungskosten | 68 Prozent |
| Schlechte Wirtschaftslage | 67 Prozent |
| Naturkatastrophen | 64 Prozent |
| Überforderung der Politiker | 62 Prozent |
| Pflegefall im Alter | 61 Prozent |
| Höhere Arbeitslosigkeit in Deutschland | 61 Prozent |
| Schwere Erkrankung | 57 Prozent |
| Terrorismus | 53 Prozent |
| Eigene Arbeitslosigkeit | 48 Prozent |
| Sinkender Lebensstandard im Alter | 47 Prozent |
| Drogensucht der eigenen Kinder | 46 Prozent |

| Spannungen durch Ausländer | 42 Prozent |
| Krieg mit deutscher Beteiligung | 42 Prozent |
| Vereinsamung im Alter | 36 Prozent |
| Straftaten | 29 Prozent |
| Zerbrechen der Partnerschaft | 23 Prozent |

Vergleiche ich die Aufmerksamkeit, die Straftaten in Medien und bei Politikern bekommen, mit diesen Zahlen, wundere ich mich schon. Offensichtlich unterscheidet die Mehrzahl der Deutschen rational, wovor sie Angst haben könnte oder sogar müsste.

Im Alltag finden wir unterschiedliche Lösungen für unsere vermeintlichen Risiken. Manche vermeiden wir, indem wir beispielsweise keine Risikosportart betreiben, nicht rauchen oder nicht fliegen. Die meisten der „alltäglichen" Risiken nehmen wir hin und leben damit. Oder wir versichern uns gegen die Folgen des Risikos.

Nur bei den wenigen, uns gefährlich scheinenden Mitmenschen sind wir kaum bereit, deren Anwesenheit zu ertragen. Sie werden dämonisiert und aus dem gesellschaftlichen Leben weggesperrt, mit dem Aberglauben, dass „das Böse" dann weg sei. Wir haben Instrumente erfunden, die erkennen lassen sollen, von wem Gutes oder Böses ausgeht oder ausgehen wird.

Die Methoden der Vorhersage haben sich im Lauf der Menschheitsgeschichte verändert. So glaubten die Naturvölker noch an Himmelszeichen, die alten Römer an die Lage der Innereien von Tieren, die Griechen an ihr Orakel in Delphi. Der italienische Arzt Cesare Lombroso entwickelte gar gegen Ende des 19. Jahrhunderts die Idee, von der Schädel- und Gesichtsform der Menschen auf deren Charakter- und Verhaltenseigenschaften zu schließen; er schuf eine „Wissenschaft" der Typologie von Verbrechern und entdeckte den „geborenen Verbrecher".

Auch wenn Politiker und Kriminologen immer wieder beteuern, dass es die hundertprozentige verbrechensfreie Gesellschaft nicht gibt, wird doch immer wieder suggeriert, dass es vielleicht irgendwie doch möglich wäre, eine schöne, neue Welt ohne „das Böse" zu erschaffen. Ein rationaler Umgang mit Verhaltensabweichungen wird so verhindert. Im Zusammenhang mit der Regelung der Sicherungsverwahrung wurden sogar grundlegende Pfeiler unseres Rechtssystems aufs Spiel gesetzt.

# Der Blick in die Kristallkugel

*„Prognosen sind schwierig,*
*besonders wenn sie die Zukunft betreffen."*

zugeschrieben Mark Twain, Karl Valentin, Winston Churchill

Nehmen Sie morgens einen Schirm mit, wenn Sie aus dem Haus gehen, oder gehen Sie das Risiko ein, unerwartet im Regen zu stehen? Kaufen Sie Aktien, oder legen Sie Ihr Vermögen in Gold oder Immobilien an? Reicht Ihnen die Prognose des vernachlässigbaren Restrisikos, oder suchen Sie einen Wohnort in maximaler Entfernung zu einem Kernkraftwerk? Auch wissenschaftlich begründete Prognosen erweisen sich nicht selten als falsch. Die heute so wichtigen Rating-Agenturen bestätigten der amerikanischen Firma Enron noch bis wenige Tage vor deren Zahlungsunfähigkeit eine hervorragende Bonität.

Es ist verständlich, dass wir gerne wüssten, was auf uns zukommt, um uns vor Risiken zu schützen. Nur, wenn das in angeblich klaren naturwissenschaftlichen Zusammenhängen, wie Wetterberichten oder der Wirtschaftsmathematik, nicht funktioniert, wie soll es dann bei Vorhersagen über menschliches Verhalten möglich sein? Auch wenn Psychologie und Hirnforschung Fortschritte erzielt haben mögen, scheint es doch in weiter Ferne, menschliches Verhalten zutreffend voraussagen zu können. Auf Aussagen kriminalprognostischer Gutachten stützen sich aber die wesentlichen Maßnahmen, die unser Staat ergreift, um uns vor schweren Straftaten zu schützen.

Sowohl Gerhard Kraus als auch Ludwig Roser wurden anlässlich ihrer Verurteilung zur Sicherungsverwahrung kriminalprognostisch begutachtet. Für Gerhard Kraus fasst der damalige Gutachter seine Ergebnisse so zusammen: „(…) ist in extrem ungünstigen Verwahrlosungsverhältnissen aufgewachsen. Der Vater gilt als notorischer Trinker, er ist außerdem mehrfach erheblich vorbestraft, auch die Mutter wird als Alkoholikerin bezeichnet, soll erzieherisch völlig unfähig gewesen sein und den Haushalt vernachlässigt haben. (…). Er war Bettnässer bis zum 12. oder 13. Lebensjahr, absolvierte trotz ausreichender Intelligenz mit Mühe die Hilfsschule, befand sich lange in Heimerziehung, wo er überwiegend ungünstige Beurteilungen erhielt und von wo er fast nur Disziplinarverstöße und Eigentumsdelikte in Erinnerung behalten hat. Mehrfach wurde der massive Störer psychiatrisch untersucht, 1962 dem Landesjugendamt vorgestellt, 1964 von Prof. Dr. *** als durchschnittlich intelligenter Psychopath mit neurotischen Zügen bezeichnet, 1966 im PLK *** begutachtet, wo man hemmungslose Stehlsucht, gravierende Unwahrhaftigkeit, destruktive Grundhaltung, mangelnde Sauberkeitshaltung, Freude am Zerstören und Beschädigen feststellte und die Wesensmerkmale des gemütsarmen, ausschließlich Ich-bezogenen Psychopathen noch deutlicher als in den Vorjahren fand. Nach der hiesigen Untersuchung hat sich das psychische Bild bei dem Probanden gegenüber früher nicht verändert. Es handelt sich um einen massiv verwahrlosten und erheblich egozentrischen, auf sofortige Bedürfnisbefriedigung eingestellten Psychopathen, dessen Fehlhaltung fixiert und eingeschliffen ist. Hirnorganische Einflüsse lassen sich nicht feststellen. Der Proband ist stark antisozial geprägt. An seiner Einsichtsfähigkeit bestehen keine Zweifel. Seine Bereitschaft, von vorhandenen Hemmungsmechanismen Gebrauch zu machen, ist extrem gering."

Gerade in älteren Gutachten finden sich häufig Begrifflichkeiten, die in ihrer Tendenz sehr unbestimmt und abwertend wirken. Dazu kommt die jeweils eigene Position und Haltung des Gutachters. Oder einfach ausgedrückt: Jeder sieht, was er gelernt hat, und wertet dies und anderes eben nicht.

Bei Ludwig Roser bezieht sich der Gutachter in der Hauptverhandlung auf die Beobachtungen aus den früheren Verfahren, auch aus der Zeit im Psychiatrischen Landeskrankenhaus, in der wenig bis keine therapeutische Arbeit geleistet worden war. Der Gutachter hält diese Einrichtung nicht für geeignet und kommt zum Schluss, dass Ludwig Roser eine Psychotherapie brauche, wenn er ausführt: „(E)s liegen immer noch die Persönlichkeitseigentümlichkeiten, insbesondere die erheblichen Kontaktstörungen vor. Der Angeklagte sei zur Tatzeit nur vermindert im Stande gewesen, Probleme, die sich in seiner Partnerbeziehung ergaben, anzusprechen und durchzuarbeiten und er sei deshalb in Ersatzbefriedigung ausgewichen und habe dort seine Aggressionen ausgetragen und sich an diesen abreagiert. Organische Schäden lägen beim Angeklagten nicht vor. Ebenfalls bestände keine krankhafte seelische Störung. Die abnormen Persönlichkeitseigentümlichkeiten seien in einer neurotischen Fehlhaltung begründet, die zu Kontaktstörungen und Selbstzweifeln führen würden."

Der Gutachter kommt zur Empfehlung, dass eine psychotherapeutische Behandlung nötig sei, am besten in der Sozialtherapeutischen Anstalt. Später wird auch eine dreijährige Behandlung in dieser Einrichtung Ludwig Roser nicht so weit unterstützen, dass er danach die Freiheit wiedererlangen konnte.

## Als ob es Fakten wären

Gutachten spielen in allen Verfahrensabschnitten für Straftäter eine wichtige Rolle. Das erste Gutachten dient den Richtern als Entscheidungshilfe für ihr Urteil. Oft handelt es sich um sehr umfangreiche Werke von hundert Seiten und mehr. Die Gutachter stellen die Person des „Probanden", seinen Lebenslauf in allen Facetten dar und begründen daraus ihre Schlüsse. Heute kommen unterschiedliche, teilweise standardisierte Beurteilungsverfahren zur Anwendung. Die Fragestellung ist die nach der strafrechtlichen Verantwortlichkeit des Täters. Im Strafgesetzbuch heißt es hierzu in §§ 20 und 21:

„§ 20 – Schuldunfähigkeit wegen seelischer Störungen

Ohne Schuld handelt, wer bei Begehung der Tat wegen einer krankhaften seelischen Störung, wegen einer tiefgreifenden Bewusstseinsstörung oder wegen Schwachsinns oder einer schweren anderen seelischen Abartigkeit unfähig ist, das Unrecht der Tat einzusehen oder nach dieser Einsicht zu handeln.

§ 21 – Verminderte Schuldfähigkeit

Ist die Fähigkeit des Täters, das Unrecht der Tat einzusehen oder nach dieser Einsicht zu handeln, aus einem der in § 20 bezeichneten Gründe bei Begehung der Tat erheblich vermindert, so kann die Strafe nach § 49 Abs. 1 gemildert werden."

In den beiden von mir beschriebenen Fällen kamen die Gutachter zu dem Schluss, dass die Voraussetzungen für die Anwendung der Vorschriften nicht vorlägen. So kam eine Strafminderung nicht in Betracht, aber auch nicht die Unterbringung in einer psychiatrischen Anstalt nach § 63 Strafgesetzbuch, wo es heißt:

„Unterbringung in einem psychiatrischen Krankenhaus

Hat jemand eine rechtswidrige Tat im Zustand der Schuldunfähigkeit (§ 20) oder der verminderten Schuldfähigkeit (§ 21) begangen, so ordnet das Gericht die Unterbringung in einem psychiatrischen Krankenhaus an, wenn die Gesamtwürdigung des Täters und seiner Tat ergibt, dass von ihm infolge seines Zustandes erhebliche rechtswidrige Taten zu erwarten sind und er deshalb für die Allgemeinheit gefährlich ist."

Die Auswirkungen der ersten Gutachten sind meist weitreichend, denn gerade bei langen Strafen folgt in der Regel eine Reihe weiterer Begutachtungen. Kommt der Verurteilte in Haft, wird er spätestens vor der Bewilligung von Lockerungen erneut begutachtet. Dieses Gutachten soll Aussagen über seine Zuverlässigkeit für den Fall geben, dass er die Erlaubnis erhält, stunden- oder tageweise ohne Begleitung das Gefängnis zu verlassen. Der mit diesem Auftrag beschäftigte Gutachter hat neben dem Zugang zum Verurteilten auch Einsicht in die bisher vorhandenen Akten.

Nicht selten wird der Sachverständige des ersten Gutachtens erneut beauftragt, etwa wenn es darum geht, dass der Gefangene aus der Haft entlassen werden könnte, die Sicherungsverwahrung beginnen würde oder er aus dieser entlassen werden soll. Nach meiner Erfahrung bezieht sich jeder weitere Gutachter in vielen Punkten auf die Vorgutachten. Inhaftierte erleben es, dass sie mehrere Gutachten nebeneinander besitzen, die sich nur unwesentlich oder überhaupt nicht unterscheiden. Die Einschätzungen und Beschreibungen der Gutachter entwickeln sich so zu einer Art eigenständiger Fakten aus dem Leben des Betroffenen.

Bei Ludwig Roser stellt der Gutachter fest: „Jeder Gutachter macht irgendwann in seinen Arbeiten Fehler, indem er Tatsachen verwechselt, nicht in die richtige Reihenfolge bringt oder übersieht. Gelegentlich führen solche Verwechslungen zu fehlerhaften Schlussfolgerungen. Verantwortungsvollen Adressaten von Gutachten sollten jedoch solche Fehler auffallen, sie sollten dem Gutachter die Möglichkeit geben, Tatsachen und Schlussfolgerungen richtigzustellen. Dies war jedoch im konkreten Fall nicht geschehen und hat zweifelsohne zur Verbitterung, zum Gefühl der eigenen Ohnmacht und zur resignativen Querulanz bei Herrn Roser beigetragen."[26]

### Verändern Sie Ihre Vergangenheit?

Die Fakten in Gutachten müssen nachvollziehbar sein. Fakten liegen in der Vergangenheit, sie verändern sich nicht. Gutachter sprechen hier von statischen Faktoren. Oder einfach ausgedrückt: Alles, was ich bis vor ein paar Momenten getan, erlebt habe, ist Teil meines Lebens und lässt sich nicht mehr ändern. Zugleich sind wir Menschen dynamische Individuen und können uns ändern. Auch Lebensumstände, die Gesellschaft, letzt-

lich alles, was zukünftig vor mir liegt, ist dynamisch und verän-
derbar.

Gutachter versuchen, aus dem vergangenen Geschehen auf
die Zukunft zu schließen. Wenn Versicherungen Prognosen
berechnen, kommt es ihnen darauf an, die Versicherungsprä-
mie angemessen hoch zu errechnen, damit erwartbare Scha-
denszahlungen geleistet werden können und die Gewinner-
wartung erhalten bleibt. Kriminalprognostische Gutachten
haben den Auftrag, im konkreten Einzelfall einen konkreten
Schadensfall vorauszusagen oder auszuschließen. Ich gehe davon aus, dass die Prämie für diesen Einzelfall bei einer Versicherung sehr hoch wäre, weil die Vergangenheit den Einzelfall
nicht prognostizierbar macht.

### Wenn es doch den „Minority Report" gibt?

Beim Umgang mit Prognosen kommt es nicht zuletzt auf die
eingenommene Perspektive an. Anschaulich hat Steven Spielberg im Film „Minority Report"[27] unterschiedliche Perspektiven ins Bild gesetzt: Die Polizei hat in einer zukünftigen Gesellschaft das System „Pre-Crime" entwickelt, mit dem sie Morde
vorhersagen kann, bevor sie begangen werden. Sobald das
System eine entsprechende Prognosewarnung gibt, kommt
eine Spezialeinheit vor Ort, nimmt den zukünftigen Täter vor
Begehung des Mordes fest und macht ihn unschädlich, indem
dieser „eingefroren" wird.

Eine beruhigende Perspektive, wenn Sie die Position eines
durchschnittlichen Bürgers einnehmen, oder gar, wenn Sie
oder ein Ihnen verbundener Mensch das Opfer wären, welches
mit diesem System vor Schaden bewahrt wird.

So sieht es auch Tom Cruise in der Rolle des Leiters dieser
Polizeieinheit. Er ist der Held, der die Stadt und Gesellschaft
vor Morden bewahrt. Es gibt keine Morde mehr. Und das geht
solange gut, bis das System den Helden selbst als Mörder prognostiziert. Der kann das nicht glauben, versucht, die Wurzeln

des Systems zu ergründen, und findet heraus, dass es in vielen Fällen, in denen er die Noch-nicht-Täter dem Einfrieren zuführte, einen „Minority Report" gibt. Das System ist nicht fehlerlos, hat Zweifel. Aber aus unterschiedlichen Gründen, wurden diese Zweifel unterdrückt und das System als hundertprozentig zuverlässig verkauft.

Angenommen, Sie nehmen die Perspektive ein, dass Sie als Täter identifiziert sind und präventiv aus dem Verkehr gezogen werden. Was wären Ihre Gedanken zu diesem System?

In der Praxis ist sich wohl jeder Gutachter bewusst, dass er Zweifel an seinen Prognosen haben muss. Eindrücklich belegt hat dies Michael Alex mit seiner Untersuchung zur nachträglichen Sicherungsverwahrung. In dieser Untersuchung ging er der Frage nach der Rückfälligkeit von als gefährlich angesehenen Straftätern nach. Bei dem untersuchten Personenkreis handelte es sich um 77 Männer, gegen die wegen vermuteter Gefährlichkeit eine nachträgliche Sicherungsverwahrung angeordnet werden sollte, was jedoch von den Gerichten abgelehnt wurde. Drei Jahre nach ihrer Entlassung waren von diesen 77 Männern 46 strafrechtlich nicht in Erscheinung getreten; erneut mit einer Freiheitsstrafe mussten nur 14 verurteilt werden. Das bedeutet, dass der größte Teil der als gefährlich angesehenen Entlassenen nicht oder nur so geringfügig wieder aufgefallen ist, dass Bewährungs- oder Geldstrafen von den Gerichten als ausreichende Reaktion angesehen wurden.

Michael Alex begründet die Fehlerquote bei Prognosegutachten:

- Fragwürdige Eignung von Klassifikationssystemen zur Prognosebegutachtung
- Überbewertung von Befunden
- Fehler bei der Interpretation von „Tatsachen"
- Falsche Schlüsse aus richtigen Tatsachen
- Interpretationen werden zu festgeschriebenen Etikettierungen

- Mangelhafte wissenschaftliche Qualität
- Mangelhafte Aufarbeitung der Tat als (unzulässiges) Negativkriterium
- Methodisch und statistisch unzulässige Rückschlüsse
- Fehler durch „Fachblindheit" von Psychiatern
- Nichtberücksichtigung von protektiven Faktoren und Resilienzbedingungen
- Prognose wird als statisch und nicht als etwas Dynamisches gesehen
- Beständige Fehlinterpretation der sogenannten „Basisrate"
- Rechtskraft des Urteils – Bindungswirkung für Prognosegutachten?
- Offensichtliche Fehlinterpretation von Testergebnissen[28]

Der Psychiater Norbert Nedopil, Herausgeber eines Handbuchs zur Erstellung Forensischer Prognosen[29] und selbst gefragter Gutachter, erklärt, dass nach seiner Erkenntnis die zeitliche Reichweite prognostischer Gutachten bei sechs Monaten liegt. Außerdem geht er davon aus, dass von fünf als gefährlich prognostizierten Probanden vier falsch prognostiziert sind. Die hohe Fehlerquote zu Lasten der Begutachteten erklärt er nachvollziehbar damit, dass Gutachter „auf der sicheren Seite" stehen wollen. Im Falle des Rückfalls eines Täters mit als günstig prognostizierter Zukunft hat ein Gutachter vom Verlust seines Ansehens, öffentlichen Anfeindungen und Anprangerung bis hin zu Strafverfahren gegen sich selbst eine breite Palette an Konsequenzen zu fürchten. Wer will sich das antun, nur um einigen Tätern eine ungerechtfertigte Verwahrung zu ersparen?

# Endlich frei?

*„Es ist nicht euere Aufgabe,*
*die Zukunft vorherzusagen,*
*sondern sie zu ermöglichen."*

Antoine de Saint-Exupéry

Den Anfang vom Ende der Sicherungsverwahrung für Gerhard Kraus und Ludwig Roser setzt der Europäische Gerichtshof für Menschenrechte. Dieser entschied mit dem Urteil vom 17. Dezember 2009, dass es gegen Art. 7 der Europäischen Menschenrechtskonvention (EMRK) verstoße, wenn ein Sicherungsverwahrter, der unter Geltung des früheren Rechts mit maximal zehn Jahren Sicherungsverwahrung rechnen musste, nachträglich für unbestimmte Zeit in Verwahrung bleiben muss. In Artikel 7 der Europäischen Menschenrechtskonvention ist das Rechtsprinzip „Keine Strafe ohne Gesetz" bestimmt, das auch für unsere Rechtsordnung gilt. Ein entscheidendes Kriterium für den Gerichtshof in Straßburg ist, dass er die Sicherungsverwahrung als eine „Strafe" ansieht. Er begründet dies damit, dass sich die Sicherungsverwahrung in ihrer Vollstreckung kaum von der Haftstrafe unterscheidet. Nach dieser Argumentation ist eine nachträglich verlängerte Sicherungsverwahrung ausnahmslos menschenrechtswidrig, weil sie verhängt wird, ohne dass eine neue Straftat vom Inhaftierten begangen wurde.

Justiz und Politik in Deutschland reagieren zunächst abwehrend bis überhaupt nicht auf dieses Urteil. Es wird als nicht direkt anzuwenden angesehen, die betroffenen Verwahrten werden nicht entlassen. Nach Ablauf der Rechtsmittelfrist gegen das Straßburger Urteil im Mai 2010 stellen Verwahrte Anträge auf Entlassung aus ihrer nachträglich verlängerten Sicherungsverwahrung. Die in erster Instanz zuständigen Strafvollstreckungskammern bei den Landgerichten lehnen diese Anträge ab. Die als Beschwerdeinstanz zuständigen Oberlandesgerichte entwickeln unterschiedliche Rechtsprechungen; in einigen Gerichtsbezirken werden Entlassungen angeordnet.

Das für Gerhard Kraus und Ludwig Roser zuständige Oberlandesgericht Karlsruhe entscheidet im Sinne des Urteils des EGMR und ordnet eine sofortige Entlassung der Verwahrten an, die sich gegen ihre weitere Verwahrung beschwert hatten.

Im Januar 2011, zum Zeitpunkt als Ludwig Roser bereits entlassen ist, urteilt der EGRM erneut und entscheidet auch konkret auf seinen Antrag hin nochmals gegen die Praxis der deutschen Justiz. Der damalige Baden-Württembergische Justizminister Ulrich Goll bedauert dieses Urteil, während Bundesjustizministerin Sabine Leutheusser-Schnarrenberger Verständnis für die Entscheidung zeigt. Laut Leutheusser-Schnarrenberger ist die nachträgliche Sicherungsverwahrung für Schwerverbrecher ein untaugliches Instrument: „Sie hat nicht mehr Sicherheit geschaffen und hat zugleich zu stark in die Rechte der Betroffenen eingegriffen. Die Justizministerin empfahl den deutschen Gerichten, die Konsequenzen in jedem Einzelfall zu ziehen.[30] Die klaren Worte der Justizministerin hätten vermuten lassen, dass die betroffenen Verwahrten inzwischen angemessen auf eine Entlassung vorbereitet wurden und in Freiheit sind.

## Entlassvorbereitung

Darüber, wie eine Entlassung aus langer Haft im günstigsten Fall auszusehen hat, sind sich die Fachleute einig. Der zentrale Begriff für diese Situation ist der „Soziale Empfangsraum". Damit wird umschrieben, dass ein Inhaftierter nach der Entlassung eine Situation vorfindet, in der er unterstützend aufgenommen wird. Dazu gehören ein passender Wohnraum, eine finanzielle Ausstattung in Form geregelter Unterstützungsleistungen oder noch besser ein Arbeitsplatz mit entsprechendem Einkommen und Tagesstruktur. Ebenso soziale Beziehungen, ob nun familiärer oder freundschaftlicher Art oder Beziehungsangebote von Facheinrichtungen. In allen Bundesländern wird die Optimierung der Entlassungssituation seit geraumer Zeit unter dem Begriff des „Übergangsmanagements" diskutiert. Durch entsprechende Regelungen soll sichergestellt sein, dass der Entlassene möglichst schon vor dem Entlassungstag weiß, wohin er geht und an wen er sich wenden kann. Zum Angebot gehören auch Einrichtungen der Haftentlassenenhilfe und die Bewährungshilfe.

Bei Ludwig Roser erklärt die Justizvollzugsanstalt noch im Mai 2010, bei Kenntnis der Rechtsprechung des EGRM, dass ein „Verzicht auf die weitere Vollstreckung der Sicherungsverwahrung keinesfalls befürwortet werden kann". Gleichzeitig wird die vom Gutachter vorgesehene Vorgehensweise kritisiert, der im Mai 2010 im Rahmen einer Anhörung bei der Strafvollstreckungskammer die baldige Gewährung von Lockerungen vorgeschlagen hat. In seinem Gutachten geht der beauftragte Sachverständige auf die Erklärung der Justizvollzugsanstalt ein: „Aufgrund dieses Satzes würde sich jedes Gutachten erübrigen, da die Frage, die an den Gutachter gestellt ist, von vorneherein geklärt und offensichtlich gar nicht anders beantwortet werden kann, als dass die Voraussetzungen für eine Entlassung nicht vorliegen. Der Unterzeichner hat sich längere Zeit überlegt, ob er in Anbetracht dieser Vorgaben den Gutachtenauftrag zurückgeben soll, denn es kommt auf seine Ausführungen letztendlich offensichtlich gar nicht an."[31]

Vorausgegangen waren Stellungnahmen der Justizvollzugsanstalt, die eine Entlassung als nicht möglich sahen. Der Gutachter kommt zu folgendem Schluss: „Insofern ist Herr Roser durchaus in der Lage, seine Defizite zu erkennen und wünscht sich in gewisser Weise auch bezüglich dieser Defizite Hilfestellung zu kriegen, wobei es ihm andererseits schwer fällt, eine solche Hilfestellung anzunehmen. (…) Offenkundig ist nach 1995 eine Distanzierung zwischen den Verantwortlichen in der JVA und dem Probanden eingetreten. Diese hat sich im Lauf der Zeit noch verstärkt. Das Wissen um die innerpsychischen Vorgänge, die Vorlieben und die Einstellungen des Herrn Roser bei den für ihn Verantwortlichen in der Sicherungsverwahrung ist äußerst gering, was daran abzusehen ist, dass der Sozialarbeiter, der den Probanden beim Jahresessen der SV-Abteilung sprach, überrascht war, wie vielseitig politisch interessiert Herr Roser ist und wie er das Zeitgeschehen verfolgt. (…) Wenn dieser Vorgang (Übergangslösungen in die Freiheit, Anm. d. Verf.), der in einem durchaus begrenzten und überschaubaren Rahmen möglich ist, erfolgt ist, liegen die Voraussetzungen für die Anwendung des § 67d Abs. 3[32] vor, nämlich, dass dann zwar die Gefahr eines Rückfalls nicht ausgeschlossen werden kann, dass ein Rückfall aber auch nicht mit großer oder überwiegender Wahrscheinlichkeit anzunehmen ist. Eine solche Vorbereitung und Erprobung wird jedoch nicht gelingen, wenn nicht alle, die Verantwortung haben, und Herr Roser selber, daran konstruktiv mitwirken.“[33]

Nach diesen Ausführungen wären durchaus Maßnahmen zur Vorbereitung der Entlassung angemessen gewesen. Erfolgt sind jedoch keine. Ludwig Roser wurde schließlich ohne vorbereitende Maßnahmen aus der Haft entlassen.

Bei Gerhard Kraus hatte der Gutachter am Willen der Justizvollzugsanstalt, diesen zu behandeln und einzugliedern, gezweifelt: „In der Phase der Entscheidungsfindung, die sich über Monate und vielleicht Jahre erstreckt, wäre eine aktive Förderung durch die Mitarbeiter der Vollzugsanstalt hilfreich. Soweit es der Terminplan zulässt, sollten Herrn K. immer wieder Gesprächstermine gegeben werden, um ihm die Planung zu erläutern und ihn zur Mitarbeit zu gewinnen. In diesem mühsam, geduldig begleiteten Prozess müsste Herr K. irgendwann die Notwendigkeit erkennen, seine jahrzehntealten Leugnungskonstrukte aufzugeben. Diese Gespräche sollten von Mitarbeitern des Psychologischen Dienstes oder des Sozialdienstes der JVA geleistet werden, da sie die Resozialisierungsplanung repräsentieren.

Gleichzeitig sollten Herrn K. voraussetzungslos 1:1 begleitete Ausführungen gewährt werden. Deren Stellenwert im Gesamtkonzept läge darin, den Untergebrachten an die Welt außerhalb der Anstalt heranzuführen und ihm die Gelegenheit zur Prüfung zu geben, ob ein Leben in Freiheit erstrebenswert ist und die Anstrengungen lohnt, oder ob es ihm Angst macht und er lieber in der vertrauten Umgebung bleiben möchte. Die Ausgänge sollten angenehm gestaltet sein, man könnte z. B. Kaffee trinken gehen oder Bastelmaterial einkaufen. Unter der Maßgabe der 1:1 Begleitung durch einen geeigneten Vollzugsbediensteten dürfte kein Missbrauchs- oder Entweichungsrisiko bestehen. Die Konfrontation mit alltagspraktischen oder sozialen Aufgaben sollte in dieser frühen, resozialisierungsvorbereitenden Phase noch nicht erfolgen."[34]

Keine der von den Gutachtern vorgeschlagenen Maßnahmen wird durchgeführt. Weder Gerhard Kraus noch Ludwig Roser erhalten entlassvorbereitende Lockerungen bewilligt. Letztlich begründet sich diese Verweigerung gegenüber Gerhard Kraus auf seine leugnende Haltung zu den verurteilten Delikten. Zu Ludwig Roser finden die Fachleute keinen persönlichen Zugang mehr und lehnen wohl auch deshalb Maßnahmen zur Vorbereitung der Entlassung ab.

## Erste Begegnungen

Im August 2010 bekomme ich als Bewährungshelfer den Auftrag, entlassene Sicherungsverwahrte im Rahmen der Führungsaufsicht zu betreuen. Zu diesem Zeitpunkt sind bereits zwei Männer entlassen; einer hat Freiburg in ein anderes Bundesland verlassen, der andere wohnt in einer Einrichtung der Wohnungslosenhilfe der Stadt Freiburg. Die Situation um die Entlassungen gestaltete sich für alle Beteiligten aufregend, die *Bild*-Zeitung war vor Ort und publizierte zu dieser Zeit eine „Karte der freigelassenen Schwerverbrecher" auf ihrer Website.

Ich besuche Ludwig Roser zum ersten Gespräch in der Justizvollzugsanstalt. Es begegnet mir ein korpulenter älterer Mann, der mich gleich wiedererkennt. „Sie haben meinem Kollegen bei der Vorbereitung der Weihnachtsfeier in der Anstalt einmal unterstellt, dass er Briefmarken entwendet haben soll!", empfängt er mich. „Wenn ich das unterstellt habe, habe ich meine Gründe gehabt, und wahrscheinlich hat es dann auch gestimmt", ist meine Antwort. Ludwig Roser lacht und der Kontakt ist erst einmal hergestellt. Er berichtet mir von seinen jahrelangen juristischen Auseinandersetzungen um seine Freiheit. Die bevorstehende Entlassung aus der als ungerecht empfundenen überlangen Sicherungsverwahrung ist sein Thema. Ich erinnere mich an ihn aus meiner früheren Tätigkeit und weise ihn vorsichtig darauf hin, dass der Kampf um seine Entlassung jetzt zu Ende sei und für ihn andere Themen anständen. Ebenso wenig wie ich kennt er den genauen Termin seiner Entlassung. Wie soll das Leben weitergehen, wo will er wohnen, wo arbeiten? Das Leben außerhalb der Gefängnismauern ist zu vielfältig, als dass er es sich leisten kann, sich noch lange mit der Auseinandersetzung seiner juristischen Vergangenheit zu beschäftigen. Er erzählt von seiner Mutter, mit der er noch in Kontakt steht, oder von einer geplanten Unterbringung in einem Wohnheim, die sein zuständiger Sozialarbeiter in Erwägung gezogen hatte, aus der aber nichts geworden ist. Deutschlandweit sind die entsprechenden Einrichtungen durch die Hysterie der Politiker und Medien so verschreckt, dass sie entlassene Sicherungsverwahrte nicht mehr aufnehmen. Ludwig Roser wendet sich mir kooperativ zu, lässt sich auf meine Gesprächsthemen ein und berichtet von seiner Absicht, sich in Freiburg niederzulassen. Wir verabreden uns zu einem zweiten Besuch, an dem auch der zuständige Sozialarbeiter des Gefängnisses teilnehmen wird.

Dieser zweite Besuch findet fünf Tage später statt; der Mitarbeiter des Sozialdienstes wird mit den städtischen Behörden eine Unterkunft für Ludwig Roser in Freiburg suchen; auch eine Ausführung zum Kauf passender Kleidung stellt er in Aussicht. Ludwig Roser erklärt sich bereit, mir einen Fragebogen zu seiner persönlichen Situation auszufüllen, um mir außer über die offiziellen Unterlagen einen Einblick in seine Sicht über die Situation zu geben.

Zwei Tage später kommt Ludwig Roser im Rahmen einer Ausführung in mein Büro. Er war Kleidung einkaufen und hat mir meine Fragen schriftlich beantwortet. Seine Angaben sind sehr knapp; er sieht sich ohne Einkünfte, alleine auf der Welt mit der Perspektive „Hartz IV – Rente – Tod" und hat „Hilfe zur Wiedereingliederung" als Wunsch und Erwartung an die Bewährungshilfe.

Sechs Tage später besuche ich ihn erneut in der Vollzugsanstalt, er macht einen äußerst angespannten Eindruck. Wie wird er den ersten Tag außerhalb der Mauern verbringen? Zwischenzeitlich war auch schon die Polizei bei ihm; er weiß, dass er mit einer Dauerobservation rechnen muss.

Einen Tag später erhalte ich von der Polizei die telefonische Auskunft, dass für den nächsten Tag mit dem Beschluss des Oberlandesgerichts zu rechnen sei. Die Frage der Unterkunft in der städtischen Übergangseinrichtung ist geklärt. Wir vereinbaren, dass ich Ludwig Roser beim Einzug an seinem neuen Wohnort besuche. Zuvor werde ich einen gleichzeitig entlassenen anderen Sicherungsverwahrten zu dessen Wohnung begleiten.

Es ist soweit. Ludwig Roser ist entlassen, ich suche ihn in seiner neuen Umgebung auf. Dort herrscht große Aufregung.

Viele Polizeibeamte, die mit der neuen Situation ebenso wenig vertraut sind wie Ludwig Roser und die anderen Bewohnerinnen und Bewohner im Haus. Der für Ludwig Roser zuständige „KURS-Koordinator"[35] der Freiburger Kriminalpolizei belehrt ihn über Pflichten und dass er sich frei bewegen kann, ihm aber auf Schritt und Tritt Polizeibeamte folgen werden. Dass ihm diese fünf Begleiter für das kommende Jahr auf Dauer erhalten bleiben, ahnt zu diesem Zeitpunkt wahrscheinlich keiner der Beteiligten.

Ähnlich sieht bei Gerhard Kraus der Start in die Freiheit aus. Ich bin sehr gespannt, was für ein Mensch mir begegnen wird, als ich ihn im Gefängnis besuche. Die Vorausinformationen klingen sehr pessimistisch, ungünstiger kann ein Mensch kaum beurteilt werden. Neben dem Hinweis auf die Leugnung der Delikte und der damit aus Sicht der Justizvollzugsanstalt nicht möglichen therapeutischen Behandlung wird jetzt auch verstärkt der Aspekt seiner nicht (mehr) vorhandenen Alltagstauglichkeit als Folge einer fortgeschrittenen Hospitalisierung thematisiert. Der zuständige Psychologe betont, dass Gerhard Kraus zur Erstellung einer Stellungnahme im August 2010 erstmals mit ihm spricht. Zum selben Zeitpunkt verweist der zuständige Sozialarbeiter der Justizvollzugsanstalt auf seine Stellungnahme von vor zwei Jahren, in der er erfolglose Bemühungen um die Aufnahme in eine beschützende und begleitende Einrichtung damit abschließt, dass es „für Fälle wie den von Herrn Kraus keine geeigneten Rahmenbedingungen für eine Entlassung gibt."

Den einzigen Hoffnungsschimmer gibt der für Gerhard Kraus zuständige Vollzugsbeamte, der sich im Gefängnisalltag mit ihm auseinandersetzt und der meint: „Der Sicherungsverwahrte zeigt ein korrektes Verhalten gegenüber Bediensteten und Verwahrten. Auf dem Stockwerk gibt es keine Probleme. Er ist ruhig, unauffällig und hilft öfters aus, wenn Not am Mann ist."[36]

Beim Besuch im Gefängnis treffe ich auf einen Mann, wie ihn seine Betreuerin in ihrem Bericht beschrieben hat. Lange, zottelige graue Haare, eher klein und schlaksig, Ketten um den Hals, Ringe an den Fingern, aber mit wachen Augen und interessiert am Gespräch, von Alkohol keine Spur. Und er erinnert sich genau, dass er mich kennt. Ich hätte einmal einem seiner Zellenkollegen bei einem schwierigen Anliegen weitergeholfen. Das habe damals genützt und er hoffe, dass das bei mir immer noch so sei. Ich erinnere mich nicht an diese Situation, die etwa zwanzig Jahre zurückliegen muss, nehme aber den nebenbei mitgeteilten Vertrauensvorschuss zur Kenntnis. Er bringt das Gespräch sodann auf sein Thema: Unschuldig verurteilt sei er, und er spricht von Details, die aus seiner Sicht dieses Fehlurteil belegen.

Ich versuche das Gespräch auf die aktuelle Situation zu lenken, darauf, dass die Entlassung in Aussicht stehe und es noch vollkommen offen sei, wie sich das Leben in Freiheit für ihn gestalten werde. Er schaltet gedanklich um, ist klar orientiert, berichtet von den Versuchen, eine passende Einrichtung für ihn zu finden, was er gerne angenommen hätte, und er weiß auch, dass seine Beschwerde auf Entlassung aus der Sicherungsverwahrung inzwischen zur Entscheidung beim Oberlandesgericht vorliegt. Keine Spur von Desorientierung oder Alltagsferne, was mich fürs Erste ein wenig beruhigt. Seine Version über die unrechtmäßige Verurteilung stellen wir einvernehmlich beiseite.

Zwei Wochen später taucht Gerhard Kraus ohne Vorankündigung überraschend in meinem Büro auf. Man hat ihm erlaubt, im Rahmen einer Ausführung mit einem Vollzugsmitarbeiter etwas Kleidung einzukaufen. Erneut besprechen wir seine Situation, wann er wohl entlassen wird, er lernt meine Kollegin kennen. Ich biete ihm an, an einer Gesprächsgruppe mit drei anderen Männern teilzunehmen, die aus der Sicherungsverwahrung entlassen sind. Es zeichnet sich ab, dass die

Bedingungen nach der Entlassung hart sein werden, es wird keine Wohnmöglichkeit geben, weder auf dem Wohnungsmarkt noch vonseiten der zuständigen städtischen Behörden und Einrichtungen, die sich inzwischen weigern, entlassene Sicherungsverwahrte aufzunehmen oder zu unterstützen. Voraussichtlich wird er übergangsweise das Angebot der Vollzugsanstalt bekommen, so lange im dortigen Freigängerhaus als geduldeter Gast zu wohnen, bis sich eine andere Wohnsituation findet. Wir bearbeiten den Antrag auf Arbeitslosengeld II, umgangssprachlich Hartz IV benannt, damit er nach seiner Entlassung nicht völlig mittellos ist.

Vier Tage später ergeht der Beschluss des Oberlandgerichts Karlsruhe, dass Gerhard Kraus aus der Verwahrung entlassen wird, was für ihn zunächst bedeutet, innerhalb der Justizvollzugsanstalt in deren Freigängerhaus umzuziehen. Wir verabreden uns dort am Tag seiner Entlassung, ich hole ihn ab und wir gehen in eine nahe gelegene Gaststätte, um zur Begrüßung in der Freiheit einen Kaffee zu trinken und ein Stück Kuchen zu essen. Vor drei Jahren hatte der Gutachter solche Gespräche in freundlicher Atmosphäre vorgeschlagen und angemahnt.

Mit der Entlassung beginnt ein Prozess von Ablehnung, Ausgrenzung und Dämonisierung. Welche Ausmaße dieser noch annehmen wird, ahnen weder die betroffenen Männer noch ich zu dieser Zeit.

### Herzlich willkommen?

Ludwig Roser ist in einer städtischen Unterkunft untergekommen, die man selbst mit größtem Wohlwollen nur als schäbig und heruntergekommen bezeichnen kann. Später werden sich Polizeibeamte, die die angeordnete Observation durchführen müssen, über die Zumutung beklagen, sich in diesen Räumen aufhalten zu müssen. Gerhard Kraus wohnt als freier Mann im Gefängnis, weil ihm die zuständigen Behörden, vor allem die

Kommune als zuständige Stelle bei drohender Wohnungslosigkeit, keine geeignete Unterkunft bieten wollen.

Finanziell sieht es nicht besser aus. Gerhard Kraus wird nach 35 Jahren Haft mit 137.- Euro und einer Tasche mit Kleidung entlassen. Ludwig Roser hat knapp 250.- Euro, bei der Kleidung sieht es ähnlich aus. Sein Hab und Gut besteht vor allem aus seiner juristischen Korrespondenz, während Gerhard Kraus noch selbst geschriebene Bücher, Manuskripte und Bastelmaterial besitzt. Beide beantragen die Gewährung von Arbeitslosengeld II, was ihnen auch problemlos bewilligt wird.

Kontakte haben beide keine, außer den ihnen vom Gericht vorgeschriebenen „Kontaktpflichten". Diese stehen in den Beschlüssen, die die zuständige Strafvollstreckungskammer zur Ausgestaltung der Führungsaufsicht erlassen hat. Darin heißt es insbesondere:

„Er wird der für seinen Wohnort zuständigen Bewährungshilfe und der für seinen Wohnort zuständigen Führungsaufsichtsstelle unterstellt.

Er hat im Freigängerhaus Wohnung zu nehmen und darf Wohnung und Wohnort nur mit Einwilligung der Führungsaufsichtsstelle aufgeben oder verlassen.

Er hat sich 2-mal wöchentlich beim zuständigen KURS-Koordinator und einmal wöchentlich beim Bewährungshelfer persönlich vorzustellen.

Es wird ihm untersagt, gefährliche Gegenstände, die dazu geeignet oder bestimmt sind, Verletzungen hervorzurufen, mit sich zu führen.

Er hat sich einmal monatlich bei der Forensischen Ambulanz Baden vorzustellen.

Der Verurteilte darf keine alkoholischen Getränke zu sich nehmen. Er hat sich Alkohol- und Suchtmittelkontrollen zu unterziehen.

Der Verurteilte darf keinen Kontakt zu Kindern und Jugendlichen aufnehmen. Dies gilt insbesondere im Bereich von Kinder- und Jugendeinrichtungen, Kinderspielplätzen, Sportvereinen, Vereinshallen, Schwimmbädern, Volksfesten und Fahrgeschäften. An diesen Orten darf er sich nicht aufhalten.

Er darf sich nicht allein mit Frauen im Kraftfahrzeug aufhalten.

Er hat jeden Wechsel der Wohnung der Führungsaufsichtsstelle sofort zu melden.

Der Verurteilte wird darauf hingewiesen, dass er sich gemäß § 145a Strafgesetzbuch (Geldstrafe oder Freiheitsstrafe bis zu 3 Jahren) strafbar machen kann, wenn er gegen die ihm erteilten Weisungen verstößt."[37]

Wegen der Eilbedürftigkeit erfolgte die Entscheidung ohne vorherige Anhörung. Mit diesen Auflagen ist das Leben in ein enges Korsett gezwängt. Dazu kommt die von der Polizei angeordnete Dauerbewachung. Als zuständiger Bewährungshelfer frage ich mich, wie sich vor allem mit der Dauerbewachung ein Weg in ein gesellschaftlich integriertes Leben finden lässt.

## Die Polizei gestaltet den Alltag

Von Anfang an tritt die Polizei stark auf und verkündet über die Medien drei grundsätzliche Botschaften:

- Es bestehe eine unbeschreibbar große Gefahr durch die entlassenen Sicherungsverwahrten.
- Die Polizei ist da, um zu regeln, was Politik und Justiz versäumt haben.
- Die Polizei ist mit dieser zusätzlichen Aufgabe überfordert, benötigt zu viel Personal und die Kosten werden ins Unermessliche steigen.

Für die Beurteilung der Gefährlichkeit hat die Polizei seit April 2010 mit der sogenannten VwV KURS[38] ein neues Instrument. Die Gemeinsame Zentralstelle KURS (GZS KURS) beim Landeskriminalamt hat die Zuständigkeit für die Kategorisierung der Gefährlichkeit der erfassten Personen. Alle anderen beteiligten Stellen haben der GZS KURS zuzuarbeiten. Ein Gericht ist an diesem Verfahren nicht beteiligt, in der VwV KURS ist eine rechtliche Überprüfbarkeit der Maßnahmen nicht vorgesehen. Dies bedeutet, dass die Polizei ihre Maßnahmen im Umgang mit den entlassenen Verwahrten in alleiniger Zuständigkeit festlegt.

Die GZS KURS kategorisiert auf Grundlage einer mir sehr einseitig anmutenden Wertung der früheren Gutachten die Probanden Gerhard Kraus und Ludwig Roser in die Gefährlichkeitsstufe I (von drei möglichen Stufen) als Risikoprobanden mit herausragendem Gefährlichkeitspotenzial. Eine Folge ist die Anordnung der Dauerobservation der Männer durch jeweils fünf Polizeibeamte. Mit dieser Maßnahme signalisiert die Polizei der Bevölkerung, dass sie alles „im Griff" hat. In der regionalen Tageszeitung wird regelmäßig über die Bewachungsform berichtet. Die sozialen und psychischen Auswirkungen für die Entlassenen lassen sich kaum beschreiben. Noch vor wenigen Jahren wäre eine derartige Maßnahme nicht vorstellbar gewesen.

Für mich stellt sich das Szenario mit Ludwig Roser an seiner neuen Unterkunft so dar: Ludwig Roser ist gerade aus der Verwahrung entlassen. Als ich ihn vor Ort aufsuche, herrscht große Aufregung. Ludwig Roser versucht, sein Hab und Gut unterzubringen, die Polizeibeamten suchen den günstigsten Platz für ihre Observation, die anderen Bewohner im Haus wissen nicht, was eigentlich geschieht, und sind nervös. Zunächst gelingt es mir, ein kurzes vermittelndes Gespräch zwischen Ludwig Roser und dem den Einsatz leitenden Polizisten zu organisieren. Dann lassen sich die Hausbewohner, die in einem Raum beisammensitzen, auf ein kurzes Gespräch ein; sie begrüßen den neuen Mitbewohner freundlich, als ihnen klar wird, dass die polizeiliche Aufmerksamkeit nicht ihnen gilt. Ludwig Roser erhält von den Hausbewohnern kleine Hilfestellungen für den Anfang angeboten.

Es ist Freitagnachmittag, das Wochenende steht vor der Tür. Erst auf meine Frage hin wird Ludwig Roser bewusst, dass er am Wochenende etwas zu essen und trinken haben sollte. Wir gehen zu Fuß zu einem Einkaufszentrum, gefolgt von fünf Polizeibeamten, die jeden Schritt und jede Bewegung beobachten. Nach dem Einkauf gönnen wir uns im Café am Einkaufszentrum noch ein Stück Kuchen und eine Tasse Kaffee. Im Einkaufszentrum gibt es mehrere Ausgänge, alle bewacht von Polizisten in Zivil, die mindestens ebenso nervös sind wie Ludwig Roser und ich. Sie sind freundlich und unterstützen uns beim Kauf eines Mobiltelefons, indem sie die Preise in den Geschäften im Einkaufszentrum vergleichen. Irgendwie wirkt die Szenerie im Café wie eine Aufstellung vor dem Showdown in alten Western-Filmen. Spannung und Nervosität sind deutlich spürbar.

Diese und ähnliche Inszenierungen werden Ludwig Roser auf unabsehbare Zeit begleiten. Mit dem einen oder anderen Polizisten kommt es zu kleinen Unstimmigkeiten, manche nehmen ihren Dienst sehr ernst, zeichnen Telefonate auf, die Ludwig Roser in seinem Zimmer, das die Polizei nicht betritt, führt. Die Polizei hat im Haus einen Raum nebenan bezogen und kann dank der dünnen Wände jedes Wort mithören.

Bei einem meiner Besuche vor Ort konnte ich mich mit einer Gruppe der observierenden Polizeibeamten über deren Sicht zu ihrer Aufgabe unterhalten. Die Gesprächsteilnehmer waren zum größten Teil schon mehr als vier Wochen im Einsatz. Sie beschreiben den Dienst als unaufregend: „Wir begleiten ihn bei Botengängen, beim Rausgehen oder Reingehen, es ist eine Person, die 24 Stunden überwacht/begleitet werden soll/muss." Vom eingeschränkten Bewegungsradius sind sie überrascht: „Wir dachten, dass sehr viel mehr Mobilität erforderlich ist und mehr Bewegung."

Persönliche Kontakte seien „relativ ungezwungen." Zur Atmosphäre im Umgang meinen sie: „Eine gute Atmosphäre, wie ich es mir eigentlich so nicht vorgestellt habe. Ich habe mir ein bisschen mehr Distanz erwartet. Es hat sich alles relativ gut abgespielt, dass man informiert war, was für Bewegungen oder was für Ziele er hat." Auf den Umgang mit Polizistinnen angesprochen: „Vonseiten der Kolleginnen, aber auch vonseite der Zielperson, nicht in irgendeiner Form abschätzig oder negativ. Eher so ein bisschen distanziert, noch mehr distanziert wie bei den männlichen Kollegen." Der polizeiliche Aufwand wird durchaus kritisch gesehen: „Aus subjektiver Sicht, denke ich, ist der Aufwand sicherlich am Anfang richtig gewesen. Ich denke, dass man mit den Erfahrungen das Personal bei der Polizei mit Sicherheit reduzieren könnte. Ich denke da wäre Spielraum nach unten."

Über die Person Ludwig Roser wissen die Bewacher wenig, Informationen haben sie „in dem Fall praktisch keine. Wir haben eine Liste über die Historie der Strafgeschichte, aber was sich in den Jahren getan hat, die ganze Problematik ist uns nicht bekannt."

Zu Reaktionen der Umwelt befragt: „Also hier im Haus, doch vielleicht so eine Art Akzeptanz, zwischen Desinteresse und Akzeptanz. Auch dass Leute auf ihn zugehen, ihn auch besuchen oder kontaktieren. Aber ansonsten die Bevölkerung (…) keine Aufmerksamkeit Wir versuchen natürlich auch wirklich, hier so gut wie es irgendwie geht, inkognito zu arbeiten (…). Ich dachte es wird schwieriger (…) dieser Smalltalk, (…) das Vertrauen, das er dann uns gegenüber bringt, uns dann eben sagt, wann er weggeht und rechtzeitig ankündigt. Ich meine, er könnte im Prinzip rausgehen und dann machen, was er möchte. (…) Wenn er jetzt rausgeht, dann gehen wir eben mit. Aber er sagt es rechtzeitig."

Auf die Frage, was zu tun wäre: „Wenn es irgendwie die Möglichkeit gäbe, den Leuten nach so langer Zeit in irgendeiner Form die Chance zu geben, dann sollte man da eigentlich mehr locker lassen, ihnen in irgendeiner Form die Freiheiten gewähren, und ihnen diese Würde auch zugestehen, nachdem sie ja auch die Strafe abgesessen haben. (…) So hat er keine Zukunft, das muss man wirklich sehen. Der Zustand muss sich ändern. Das ist auch ganz klar, da sage ich auch ein Lob, so souverän, wie er damit umgeht, Hut ab, wirklich Hut ab. Das muss man ganz klar sagen. Natürlich auch in der Art, wie er mir gegenübertritt. Wir gehen sachlich miteinander um. (…) Ich wäre es nicht so, sage ich ganz offen. Ich glaube, ich würde mir das nicht zumuten wollen (die Situation des Observierten, Anm. d. Verf.)."[39]

Offensichtlich spüren die Polizisten die Ambivalenz ihres Auftrags und sind in der Lage, mit Ludwig Roser kooperativ umzugehen. Manche gehen sogar einen Schritt weiter und unterstützen ihn in alltäglichen Dingen, geben Auskünfte, Ratschläge oder kleine Zuwendungen.

Andere wiederum haben Mühe, die Balance zwischen gefährlichem und alltäglich normalem Verhalten zu unterscheiden. Klar ist es ein Verstoß gegen die Weisung, wenn Ludwig Roser ein Messer mit mehr als fünf Zentimeter Klingenlänge mit sich führt. Ist es aber wirklich gefährlich, wenn Ludwig Roser seiner Mitbewohnerin für deren Hasen Löwenzahn vom Spaziergang mitbringen will und dazu sein Küchenmesser benutzt? Zumal er sich in sichernder Begleitung weiß. In der Folge führt dieser Vorgang zu einer persönlichen Anhörung bei der Führungsaufsichtsstelle mit der deutlichen Belehrung, dass dieses Verhalten strafwürdig und mit bis zu drei Jahren Freiheitsstrafe bedroht ist.

Für Ludwig Roser sind diese täglichen Situationen belastend. Er kann keinen unbeobachteten Schritt tun, mit niemandem Kontakt aufnehmen, ohne damit rechnen zu müssen, dass dieser protokolliert und kritisch überwacht wird. Trotzdem verhält er sich in der Regel mit den begleitenden Beamten kooperativ.

Gerhard Kraus ist derselben Situation ausgesetzt; allerdings mit dem Unterschied, dass die Polizeibeamten das Freigängerhaus, in dem er mit zwei anderen entlassenen Sicherungsverwahrten eine Dreizimmerwohnung bewohnt, nicht betreten. Demzufolge hört auch die Polizei seine Gespräche oder sonstigen Geräusche nicht vom Nachbarzimmer aus mit. Geradezu absurd wirkt es auf mich allerdings, wenn fünfzehn Polizisten wegen drei Männern, von denen zwei gesundheitlich eingeschränkt und über sechzig Jahre alt sind, nachts vor der verschlossenen Gefängnistür Wache halten. Zeitweise war sogar ein spezieller Container vor dem Freigängerhaus als stationäres Einsatzzentrum aufgebaut.

*Stationäre Einsatzleitung vor dem Freigängerhaus der JVA Freiburg*

Kurios wird die Situation, als der Anwalt, der die drei im Freigängerhaus wohnenden Männer vertritt, diese zu einem gemeinsamen Mittagessen in eine Gaststätte in der Freiburger Innenstadt einlädt. Mit fünfzehn Begleitern hinter sich sind die drei Männer beinahe auffälliger bewacht als Kanzlerin Angela Merkel bei ihrem Besuch in Freiburg. Die Signale sind klar und eindeutig: Einen freundlichen Empfangsraum gibt es nicht, wir wollen euch nicht in unserer Stadt.

### In Bethlehem war es einfacher

Die Wohnverhältnisse sind sowohl für Gerhard Kraus als auch für Ludwig Roser allerhöchstens als Notbehelf für eine Übergangszeit erträglich. Ludwig Roser erhält vom Amt für Wohnraumverwaltung der Stadt Freiburg die schriftliche Aufforderung, sich bei den zuständigen Sozialberatern des Amtes zu melden. Eine Beratung vor Ort findet seit seiner Anwesenheit im Haus nicht mehr statt, auch nicht für die anderen Bewohner. Auch in einer anderen Unterkunft der Stadt ändert sich die Beratungspraxis, da sich die Mitarbeiterinnen und Mitarbeiter der Stadt weigern, vor Ort zu kommen. Begründung: Sie würden sich trotz der Anwesenheit von jeweils fünf Polizeibeamten gefährdet fühlen.

Auf die schriftliche Einladung des Amtes hin vereinbare ich für Ludwig Roser einen Beratungstermin in der zuständigen Behörde. Ludwig Roser nimmt diesen Termin wahr, mit dem Ergebnis, dass sein vereinbartes und angekündigtes Erscheinen im Amt als besonderes Vorkommnis gewertet wird. In einem anschließend aus diesem Grund geführten Gespräch mit mir, meiner Abteilungsleiterin und der Leitung und Mitarbeitern des Amtes werden wir gebeten, künftig zu verhindern, dass unsere Klienten nochmals persönlich im Amt vorsprechen. Dieses besondere Vorgehen ist neu, üblicherweise ist es für wohnungssuchende Freiburger Bürger erforderlich, persönlich vorzusprechen, um die notwendigen Bescheinigungen für eine Wohnungszuweisung zu erhalten. Erschüttert über diese extreme und unserer Meinung nach unbegründete Abwehr und Ausschlussbereitschaft verlassen wir das Amt und fragen uns, wie wir unter diesen Umständen unseren Klienten die notwendige Unterstützung bieten können sollen.

Der Versuch, eine Unterkunft auf dem privaten Wohnungsmarkt zu finden, gestaltet sich ebenfalls schwierig: Private Vermieter winken ab, sobald sie erfahren, unter welchen Umständen unsere Klienten leben.

Gerhard Kraus hat sich bereit erklärt, sich bei stationären Einrichtungen um eine Aufnahme zu bewerben. Die Polizei gesteht ihm zu, in meiner Begleitung ohne polizeiliche Überwachung Vorstellungsgespräche zu führen. Die Gespräche sind anstrengend und erfolglos. Wegen seiner Vorgeschichte und den besonderen Umständen seiner Überwachung scheuen die Einrichtungen eine Aufnahme; sie fühlen sich der erwarteten Herausforderung nicht gewachsen.

Bleibt noch die Freiburger Anlaufstelle für Haftentlassene. Diese Einrichtung betreut seit 1973 aus der Haft entlassene Männer, auch entlassene Sicherungsverwahrte, als diese noch wie andere Haftentlassene ohne Polizeiobservation entlassen wurden. Oft konnten sie gut in den Alltag integriert werden und wurden von den Sozialarbeiterinnen und Sozialarbeitern der Einrichtung ebenso betreut wie andere Klienten.

Heute sieht das anders aus. Entlassene, die fünf observierende Polizeibeamte mitbringen, sind für den Alltag einer Einrichtung, in der täglich entlassene Strafgefangene verkehren, nicht tragbar. Die zu erwartenden Konflikte würden die Arbeit der Einrichtung stören bis unmöglich machen. Im Interesse ihrer anderen Klienten möchte sich die Einrichtung das nicht leisten, zudem unterliegt sie bereits einem neuen Reglement der Stadt Freiburg: Der Geschäftsführer der stadteigenen Wohnbaugesellschaft untersagt der Einrichtung, in Wohnungen, die sie von der Stadtbau Freiburg angemietet hat, entlassene Sicherungsverwahrte unterzubringen. Da der Verein fast alle Wohnungen, die er an Haftentlassene untervermietet, von dieser städtischen Gesellschaft anmietet, ist der Handlungsspielraum äußerst eingeschränkt.

Wo sollen entlassene Verwahrte eine passende Wohnung finden, wenn sich die städtische Wohnbaugesellschaft als Anbieter von sozialem Wohnungsbau derart verweigert?

Aus dieser Lage gibt es für Ludwig Roser und Gerhard Kraus kaum ein Entkommen. Und die hysterische und vollkommen überzogene Abwehr gilt bis in weit entfernte Orte der Republik: Zwei meiner anderen Klienten, ebenfalls aus der Sicherungsverwahrung entlassen, erhalten von einem Freiburger Bürger das freundliche Angebot, als Mieter in einem Anwesen, das er in Sachsen-Anhalt besitzt und aus dem seine Großmutter einmal vertrieben wurde, einzuziehen und dort einer kleinen Beschäftigung nachzugehen. Nachdem die Polizei nach einer erneuten Risikobewertung die Dauerobservation eingestellt hatte und die beiden keine Wohnung in Freiburg finden konnten, nehmen sie das Angebot an und ziehen in den kleinen Ort mit dem vielversprechenden Namen Insel. Wenige Wochen nach ihrem Umzug wird im Ort ihre Vergangenheit bekannt. Eine beispiellose Hetzjagd beginnt, mit Morddrohungen, Beschimpfungen und Versammlungen der ganzen Gemeinde, in der der Bürgermeister des Ortes quasi von einem Einreiseverbot ausgeht.[40] Im August 2011 werden die beiden in ihrer neuen Heimat unter Polizeischutz gestellt, sie müssen nun vor den Bürgern des Ortes beschützt werden.

### Gehen Sie doch arbeiten!

In Gesprächen beschäftigt uns u.a. die Frage der Reue. Was ist das, wie geht das, wie kann das aussehen? Nach der langen Zeit, die seit der Verurteilung vergangen ist, scheint es kein passender Weg, auf frühere Tatopfer zuzugehen. Wir besprechen die Möglichkeit, dass Reue und Buße auch durch indirekte, symbolische Handlungen ihren Ausdruck finden können. Eine Geldzahlung kommt bei Bezug von Arbeitslosengeld kaum in Betracht, aber ein arbeitsloser Mann kann arbeiten. Nach einigen Recherchen ergibt sich die Möglichkeit, in einer öffentlichen Anlage in Freiburg Gartenpflege- und Wiederherstellungsarbeiten zu erledigen, für deren Ausführung keine besonderen Fachkenntnisse benötigt werden, die aber auch aus finanziellen Gründen von der Stadt Freiburg nicht durchgeführt werden. Der zuständige Mitarbeiter im städtischen Amt ist erfreut, dass ein Bürger freiwillig, ohne Bezahlung oder Aufwandsentschädigung die Arbeit ausführen will. Über den Hintergrund meines Klienten ist er aufgeklärt, und wir kommen überein, dies ohne Information an die Öffentlichkeit durchzuführen. Mein Klient hat kein Interesse daran, bei seiner Tätigkeit von Pressevertretern verfolgt zu werden. So hätte dies eine kleine, sinnvolle Beschäftigung werden können, wenn nicht, ja wenn nicht der städtische Mitarbeiter bei seinen Vorgesetzten eine Zustimmung für die Aktion einholen hätte müssen. Die Antwort auf diese Anfrage erhalte ich postwendend per Mail: Die Stadt Freiburg hat kein Interesse an der Mitarbeit dieses Klienten und möchte von dem Angebot Abstand nehmen.

Auch Ludwig Roser braucht eine Beschäftigung. Zum einen, um der Langeweile und dem dadurch geförderten „inneren Brüten" über die missliche Lage etwas entgegenzusetzen, zum anderen, um Kontakte knüpfen zu können. Der zuständige Sachbearbeiter im Jobcenter sieht das ähnlich und bietet an, ihm eine Arbeitsgelegenheit, alltagssprachlich Ein-Euro-Job genannt, zuzuweisen. Voraussetzung dafür: Wir müssen eine Einrichtung finden, die ihm diese Möglichkeit bietet. Wir suchen noch heute. Und der Ablauf ähnelt sich immer wieder. Ich frage an, beschreibe in knappen Worten die Situation meines Klienten, vereinbare im günstigsten Fall ein Vorstellungsgespräch. Die Einrichtung muss Vorgesetzte, einen Vertreter des Trägers oder andere zuständige Personen informieren oder um Zustimmung fragen. Spätestens zu diesem Zeitpunkt erhalten wir eine Absage. Auch ein großer Verband wie der Freiburger Caritasverband sieht in seinen zahlreichen Einrichtungen keine Einsatzmöglichkeit. Da nützt auch meine Einschätzung nichts, dass ich in allen diesen Arbeitssituationen keine Gefährdung für Mitarbeiterinnen sehe. Eine Einschätzung, die ich aufgrund der Kenntnis der Vorgeschichte für vertretbar halte.

Beinahe haben wir Erfolg. Die Leiterin einer sozialen Einrichtung sagt mir zunächst am Telefon die mögliche Beschäftigung von Ludwig Roser zu; wir vereinbaren ein Vorstellungsgespräch. Doch zwei Tage vor dem Gespräch sagt sie den Termin ab, ihr Vorstand sei mit der Beschäftigung von Ludwig Roser nicht einverstanden. Wir vereinbaren, dass meine Abteilungsleiterin und ich nochmals zum Gespräch kommen, in dem wir auf das zuständige Mitglied im Vorstand verwiesen werden. Ein Gespräch zwischen diesem Vorstandsmitglied, Ludwig Roser und mir wird vereinbart, das sehr konstruktiv verläuft. Wir erhalten die Zusage, dass Ludwig Roser nächste Woche mit der Beschäftigung beginnen kann. Ich regle die formale Bewilligung mit dem Sachbearbeiter des Jobcenters und vereinbare mit der Leiterin der Einrichtung, dass ich am ersten Arbeitstag vor Arbeitsbeginn mit Ludwig Roser in die Einrichtung komme, um eventuell noch offene Fragen zu klären. Freitags wird mir dieser Termin nochmals bestätigt, auch mitgeteilt, dass ein Polizeibeamter der Abteilung KURS schon in der Einrichtung war, um über Ludwig Roser zu informieren, was aber kein Problem dargestellt habe. Mit der Hoffnung, endlich einen kleinen Schritt weitergekommen zu sein, gehe ich ins Wochenende. Am Samstag erhalte ich einen Anruf des Vertreters der Einrichtungsleiterin, dass Ludwig Roser am Montag nicht zu kommen brauche, er werde nicht in der Einrichtung beschäftigt. Wieder einmal haben Hysterie und Panik zugeschlagen.

Sogar mit der Eröffnung eines Kontos gibt es Schwierigkeiten. In Begleitung meiner Kollegin beantragt einer der Männer vormittags bei einer Freiburger Bank die Eröffnung eines Girokontos. Dies wird ihm am selben Nachmittag, als er die Kontounterlagen abholen will, abgelehnt. Wenn er mit polizeilicher Bewachung in die Bank komme, sei das zu gefährlich und für das Institut nicht tragbar. Keiner der Männer hat Schulden oder entsprechende Einträge, die einer Kontoeröffnung im Wege stünden.

Ein Girokonto gehört heute zum alltäglichen Lebensstandard; schon zum Bezug der Arbeitslosengeldzahlung ist es erforderlich. Glücklicherweise sind die Arbeitsagentur und das Jobcenter flexibler. Zum einen behandeln sie die Klienten freundlich zuvorkommend, zum anderen finden sie für die Zeit, bis dann doch ein Konto eröffnet werden kann, einen anderen Zahlungsweg.

## Bewährungshilfe, was kann ich für Sie tun?

In seinem Beschluss hat das Landgericht angeordnet, dass wöchentlich persönliche Gespräche mit dem Bewährungshelfer stattfinden sollen. Dies ist insofern außergewöhnlich, als die Entscheidung über die Kontaktdichte in der Regel durch den Bewährungshelfer selbst festgelegt wird. Bewährungshelfer in Baden-Württemberg haben sich dabei an zwei Vorgaben zu orientieren. Zum einen an der „Verwaltungsvorschrift Bewährungshilfe, Gerichtshilfe und Sozialarbeit im Justizvollzug", zum anderen an deren Umsetzung im Qualitätshandbuch der NeuSTART gGmbH. In diesen Vorgaben ist ein System einer abgestuften Betreuungsintensität der Klienten festgelegt, wodurch sichergestellt werden soll, dass Klienten mit intensivem Betreuungsbedarf diese Betreuung auch erhalten. Als Sexualstraftäter sind die entlassenen Sicherungsverwahrten in der intensivsten Betreuungsstufe einzustufen.

Bei Ludwig Roser und Gerhard Kraus bedeutet der Beschluss, dass wir uns seit ihrer Entlassung mindestens einmal die Woche persönlich sprechen. Die Themen der Gespräche verändern sich. Zunächst geht es um Fragen der Zusammenarbeit, die Lebenssituation wird in einer Analyse festgehalten, es werden Ziele gesucht, die sie anstreben.

Probleme der Alltagsgestaltung, die Regelung formaler Dinge wie polizeiliche Anmeldung, Sozialleistungen beantragen, Konto eröffnen, Krankenkasse anmelden und dergleichen mehr nehmen den größten Raum ein. Beide waren lange im

Gefängnis, das Leben außerhalb der Anstalt ist weitergegangen. Bei beiden überrascht mich, wie schnell sie mit den Alltäglichkeiten zurechtkommen. Gerhard Kraus, dem man eine eigenständige Lebensführung nicht mehr zugetraut hatte, entwickelt eine Haushaltsplanung, die für manchen anderen Haftentlassenen vorbildlich wäre.

Längerfristige Ziele sind schwer zu planen. Bei allen Vorhaben wirken die polizeilichen Maßnahmen als starkes Hindernis. Wie beklemmend die polizeiliche Dauerbegleitung sich anfühlt, kann ich bei vielen Begleitgängen am eigenen Leib spüren. Auch wenn die Beamten freundlich und hilfsbereit sind, ist es eine spürbare Belastung, dass jeder Schritt beobachtet wird. Und dann wachsen auch Phantasien darüber, was noch überwacht wird, Telefon, Post, Internet?

Hinzu kommt das Wissen, dass man in der Gesellschaft nicht erwünscht ist. Regelmäßig steht in den Medien, welche Maßnahmen zukünftig noch getroffen werden könnten, um die entlassenen Verwahrten wieder hinter Gitter zu bringen. Ob der Gerichtshof in Straßburg die Entlassung mit diesen Begleitumständen als menschenwürdig ansehen würde, ist fraglich.

Gemeinsam mit einer Kollegin biete ich den Männern regelmäßige Gruppentreffen an. Die „Bremer Stadtmusikanten" sind unser Leitbild; eine Gruppe von alten Tieren, die von ihren Besitzern nicht mehr erwünscht und vom Tod bedroht sind, macht sich gemeinsam auf den Weg und findet im Haus der Räuber im Wald für sich eine Möglichkeit, den Lebensabend gemeinsam zu verbringen. Diese Lösung finden wir in der Gruppe nicht, aber die Aussprache darüber, dass es anderen ähnlich ergeht, lässt die Situation doch ab und an erträglicher erscheinen.

Neben den alltagspraktischen Fragen steht natürlich auch die Frage im Raum, wie ein Rückfall verhindert werden kann. Nach wie vor bestreitet Gerhard Kraus, die verurteilten Delikte begangen zu haben, Ludwig Roser hat in der Haft bereits drei Jahre stationäre Therapie in der Sozialtherapeutischen Anstalt durchlaufen; beide haben in der Haft weitere therapeutische Maßnahmen verweigert. Sie haben kein Vertrauen in Therapeuten, schon gar nicht, wenn diese vom Staat beauftragt sind. Was aber therapeutisch zunächst für beide wichtig erscheint, ist eine allgemeinärztliche Versorgung.

### Fragen Sie Ihren Arzt

Als Bezieher von Arbeitslosengeld II sind Ludwig Roser und Gerhard Kraus Mitglied einer Krankenkasse geworden. Dies war unproblematisch, die formalen Voraussetzungen lagen vor. In der Haft hatten beide sich vom Anstaltsarzt wenig beachtet und nicht ausreichend untersucht und behandelt gefühlt. Nach einigen Anlaufschwierigkeiten finden wir niedergelassene Ärzte, die die beiden trotz der auch für eine Arztpraxis unangenehmen Begleiterscheinung der polizeilichen Observation als Patienten annehmen. Beim ersten Besuch begleite ich die Klienten und kann auch die Polizeibeamten überzeugen, dass dem Arzt und seinem Personal keine Gefahr droht und medizinische Untersuchungen doch einen sehr intimen persönlichen Bereich darstellen. Die Polizeibeamten warten in der Behandlungszeit „unauffällig" im Wartezimmer.

Mit den Ärzten wird auch die Frage einer psychotherapeutischen Behandlung besprochen, für die sie eine entsprechende Überweisung an einen geeigneten Fachmann ausstellen wollen.

### Psychotherapie oder die Angst vor dem Seelendoktor

Gerhard Kraus und Ludwig Roser haben vom Gericht die Weisung erhalten, sich regelmäßig beim Psychotherapeuten der Forensischen Ambulanz vorzustellen, eine Maßnahme, die in den Regelungen zur Gestaltung der Führungsaufsicht vorgesehen ist. Aus dem Wissen, dass eine Psychotherapie kaum zwangsweise vollstreckt werden kann, wird mit dem Instrument der Vorstellungsweisung versucht, den Klienten zumindest in einen Kontakt mit einem Therapeuten zu bringen. Man erhofft sich, dass vorhandene Hemmungen, Ängste, Unkenntnisse über den Prozess einer Psychotherapie abgebaut werden und der Betroffene doch noch bereit ist, sich einer psychotherapeutischen Behandlung zu unterziehen.

Die Forensische Ambulanz Baden beschreibt ihre Tätigkeit unter anderem so: „Die psychotherapeutische Behandlung von Straftätern dient dem Opferschutz, da nach wissenschaftlichen Erkenntnissen durch eine indizierte Therapie das Risiko eines Rückfalls deutlich reduziert werden kann und – wie Untersuchungen aus der Schweiz zeigen – von 40% auf bis zu 3% gesenkt werden können. Vor allem die Ergänzung der im Regelvollzug bereits bestehenden Angebote zur psychotherapeutischen Behandlung von Straftätern ist Leitmotiv der im Jahre 2005 ins Leben gerufenen Behandlungsinitiative Opferschutz – einem zunächst nur interdisziplinären Zusammenschluss (zur nunmehr erfolgten Vereinsgründung vgl. unter ‚BIOS-BW e.V.‘) von Richtern, Staatsanwälten, Psychiatern und anderen Berufsgruppen, welcher als Opferschutzeinrichtung das bereits bestehende Angebot anderer gemeinnütziger Organisationen in Baden-Württemberg durch die Förderung von psychotherapeutischen Maßnahmen innerhalb und außerhalb des Strafvollzuges ergänzt.“[41]

Beide nehmen die angeordneten Gespräche bei der Forensischen Ambulanz korrekt wahr. Ludwig Roser stellt für die Gespräche auch seine Unterlagen wie Urteil und bisherige Gutachten zur Verfügung.

Zusätzlich zu dieser Maßnahme ist die Frage der psychotherapeutischen Behandlung Thema unserer Gespräche. Ludwig Roser hat vor allem Sorge um seine Privatsphäre, die er in Haft regelmäßig angegriffen sah. Dass er einen persönlichen Gewinn von einer derartigen Behandlung haben kann, sieht er ein.

Gerhard Kraus hat 35 Jahre lang die Erfahrung machen müssen, dass ein Schuldeingeständnis als Voraussetzung für eine psychotherapeutische Behandlung von ihm verlangt wird. Wir besprechen, dass es auch andere Themen für eine therapeutische Behandlung geben kann. Er ist überrascht, und mit seinem Einverständnis suche ich nach einem geeigneten Therapeuten, unterstützt durch seinen letzten Gutachter. Etwa zehn Wochen nach seiner Entlassung beginnt Gerhard Kraus eine Therapie und legt mir regelmäßig die Nachweise über die von ihm wahrgenommenen Therapiestunden vor. Ähnlich bei Ludwig Roser; nach einem gemeinsamen Gespräch bei seinem Hausarzt erfolgt eine Überweisung an einen erfahrenen Psychotherapeuten. Dessen Therapieplan wird ebenfalls bewilligt und Ludwig Roser nimmt seither regelmäßig diese Behandlung in Anspruch.

Beide Männer, denen in Haft Therapieverweigerung, Uneinsichtigkeit und unkooperatives Verhalten vorgehalten wird, sind nicht nur zur Kooperation mit der Polizei, dem Bewährungshelfer und der Forensischen Ambulanz bereit, sondern haben innerhalb kurzer Zeit nach der Entlassung eine psychotherapeutische Behandlung begonnen.

Bei Gerhard Kraus dürfte dies mit ein Grund für die Aufhebung der Dauerobservation sein, die neun Monate nach der Entlassung erfolgt. Jetzt kann sich Gerhard Kraus ohne begleitende Polizeibeamte bewegen, und es macht ihm auch keine Mühe, sich zurechtzufinden. Den Stadtplan von Freiburg hat er sich erlaufen, Straßen und Wege sind ihm geläufig.

### Mit wem sollen wir reden?

Wenn Sie rund um die Uhr von fünf Polizeibeamten bewacht werden, ist die Möglichkeit zu alltäglichen Kontakten mit anderen Menschen sehr eingeschränkt. Gerhard Kraus hat in seiner „Drei-Mann-WG" Kontakt mit Männern in derselben Situation. Die Bewährungshilfe bietet ein Gruppenangebot für vier der in Freiburg lebenden entlassenen Sicherungsverwahrten.

Ludwig Roser, eloquent dank seiner Schulbildung und einem regen Interesse am Tagesgeschehen, würde gerne ganz normale Kontakte mit anderen Menschen aufnehmen. Durch die Observation fühlt er sich beschämt. Er ist aber bereit und interessiert, über seine Situation zu sprechen. So bietet er sich für ein Seminar zum Thema „Straffälligenhilfe" an der Katholischen Hochschule Freiburg als Gast und Studienobjekt an. Der zuständige Dozent lädt ihn in meiner Begleitung und mit den begleitenden Polizeibeamten ins Seminar ein. Eine aufregende Situation. Ungefähr zwanzig junge Studierende und ein entlassener Sicherungsverwahrter, der länger in Haft war, als die meisten der Studierenden alt sind, kommen miteinander ins Gespräch. Viele Fragen der Studierenden zu Haftbedingungen und Regelungen sind noch einfach zu beantworten. Ludwig Roser stellt sich auch den Fragen zu seinen Delikten. Es knistert förmlich, wenn er sich äußert und meint, er könne nicht 25 Jahre tagtäglich bereuen. Zum einen zermürbe es, zum anderen wirke es doch irgendwann abgedroschen und unglaubwürdig. Und er weist darauf hin, dass Täter für Delikte mit durchaus schwerwiegenderen Folgen zu geringeren Strafen verurteilt werden. Die Studierenden sind fasziniert und verwirrt zugleich; die Zumutung war doch stark. Trotzdem besucht Ludwig Roser das Seminar noch weitere Male. Ein intensiverer Kontakt wird hieraus nicht; trotzdem hat diese Begegnung Folgen.

Von den begleitenden Polizeibeamten ist mir nichts Außergewöhnliches aus den Seminarteilnahmen berichtet worden. Dennoch geht der zuständige KURS-Koordinator der Polizei der Begegnung zu einem späteren Zeitpunkt bei der Vorbereitung einer Konferenz zu Ludwig Roser nochmals nach und wertet die ihm berichtete Verstörung einiger Studierender prognostisch als kritisch. Der Satz „Alles was Sie jetzt sagen, wird gegen Sie verwendet" scheint nicht nur in amerikanischen Kriminalfilmen zu gelten.

Ein anderer Klient wird mit mir zu einer Vortragsveranstaltung an die Evangelische Hochschule eingeladen. Eingeladen sind auch die Polizei und die Haftentlassenenhilfe. Ich besuche die Veranstaltung alleine, die Polizei weigert sich, mit einem entlassenen Sicherungsverwahrten ins Gespräch zu kommen und macht ihre Teilnahme an der Veranstaltung von der Nichtteilnahme meines Klienten abhängig.

Weihnachtstage sind für Inhaftierte schwierige Tage, ganz unabhängig von ihrer Konfession oder Glaubenshaltung. Es ist eine besinnliche Zeit des Zusammenkommens in den Familien, eine Zeit der Begegnung und der Gemeinschaft. Auch die aus der Sicherungsverwahrung entlassenen Klienten spüren dieses Bedürfnis. Gerade nach der langen Haftzeit ist der Wunsch groß, jetzt einmal wieder „richtig" Weihnachten zu feiern. Drei der Männer nehmen an Gemeinschaftsfeiern der Stadtmission und einer Kirchengemeinde statt. Dies verlief ohne besondere Aufmerksamkeiten oder Auffälligkeiten; auch die begleitenden Polizeibeamten konnten sich im größeren Rahmen unauffällig integrieren.

Gerhard Kraus erhält von einer ehrenamtlichen Mitarbeiterin der Justizvollzugsanstalt die Einladung, den Abend des 24. Dezember in ihrer Familie zu verbringen. Einen „klassischen" Familienweihnachtsabend mit Essen, Singen und Geschenken. Zur Vorbereitung treffen wir, Gerhard Kraus, seine Gastgeberin und zwei Polizeibeamte, uns einige Tage vor Weihnachten. Für Gerhard Kraus ist es der erste Weihnachtsabend seit über fünfzig Jahren außerhalb einer Einrichtung und wahrscheinlich auch der erste Familienweihnachtsabend dieser Art. Und ich erfahre später, dass es ein harmonischer Abend war; zwar hatten die Polizeibeamten auf einen um eine halbe Stunde vorgezogenen Abschied gedrängt, weil ihr Schichtwechsel anstand, aber das war verschmerzbar. Gerhard Kraus hatte der Familie von sich aus ein kleines Geschenk vorbereitet und mitgebracht.

Dass Gerhard Kraus, der in der JVA noch als orientierungs-los und lebensuntüchtig beschrieben war, durchaus lebens-tüchtig und sozial kompetent agieren kann, zeigte er in einer ganz besonderen Weise im „kollegialen Umgang", den er mit seinen Bewachern pflegte. Er war mit mir zur Vorstellung in einer Einrichtung, die ihn bei sich aufnehmen und betreuen sollte. Dieses Gespräch fand in meiner Begleitung, ohne poli-zeiliche Aufsicht statt, eine Bedingung der Einrichtung. Ein paar Tage später taucht Gerhard Kraus ohne Ankündigung al-lein in der Einrichtung auf. Er hatte erfahren, dass dort noch Dinge als Gewinn für eine Tombola gesucht werden und wollte eigene Bastelarbeiten beisteuern. Der erschrockenen Mitarbeiterin erklärt er auf die Frage, wie das ohne Polizei heute ginge, mit Grinsen im Gesicht, dass er einen der Beam-ten gebeten habe, heute einmal die Funktion seines Bewäh-rungshelfers anzunehmen und sich als Kollege von mir vorzu-stellen. Der Beamte riskierte dieses Spiel, seine Kollegen warte-ten eine Straße weiter und Gerhard Kraus konnte sich für einen Moment etwas freier bewegen. Keiner der Beteiligten miss-brauchte das gegenseitige Vertrauen.

Diese – ob nun vorhandene oder inzwischen wieder entwic-kelte – soziale Kompetenz stellen auch die Therapeuten der Forensischen Ambulanz fest, die im Rahmen der mit Gerhard Kraus geführten Gespräche abschließend darüber berichten, dass vermutlich durch die positive Entwicklung seiner Lebens-situation eine deutlich spürbare Veränderung in seinem Kon-takt- und Beziehungsverhalten wahrnehmbar sei. Auf den Mitarbeiter der Forensischen Ambulanz wirke er offener, freundlicher und dialogfähiger. Möglicherweise hat bereits die ehrenamtliche Betreuerin Hedwig Schilling bei Gerhard Kraus den Grundstein für diese Entwicklung gelegt. Beide haben in-zwischen den Kontakt miteinander wieder aufgenommen, Hedwig Schilling begleitet Gerhard Kraus in regelmäßigen Gesprächen.

Auch Ludwig Roser zeigt im Umgang mit seiner Umgebung seine soziale Kompetenz. Zu erkennen ist das im Umgang mit den Mitbewohnerinnen und Mitbewohnern in seiner Unterkunft. Er nimmt Kontakt zu ihnen auf, man kocht, isst miteinander und hilft sich mit Gefälligkeiten aus. Ludwig Roser ist ein planender Mensch, der kostengünstig einkaufen kann und dies auch für die Nachbarn gelegentlich mit erledigt. Als es mit einer Nachbarin zu Unstimmigkeiten kommt, die von der Polizei sofort registriert und überprüft werden, zeigt sich auch für die Polizei, dass Ludwig Roser sich in keinster Weise übergriffig, sondern angemessen verhalten hat.

Ludwig Roser nimmt mit Medien Kontakt auf, denn er will mitteilen, was ihm widerfahren ist und wo er sich ungerecht behandelt fühlt. Und das gelingt ihm in aller Regel angemessen. Die Frankfurter Allgemeine Zeitung, oder auch die Stuttgarter Zeitung berichten in sachlichem und ruhigem Ton über seine Situation.[42]

Aber nicht immer sind seine Mitteilungen erwünscht. Die Evangelische Akademie Bad Boll veranstaltet mit den Baden-Württembergischen Verbänden der Straffälligenhilfe eine Tagung zum Thema: „Sicherungsverwahrung und Führungsaufsicht. Wie gehen wir mit gefährlichen Straftätern um".[43] Die Veranstaltung hat eine lange Tradition und lässt auch immer wieder Betroffene selbst zu Wort kommen. Ludwig Roser erhält von der Akademie eine Einladung und erklärt sich bereit, den Tagungsteilnehmern von seinen Erfahrungen zu berichten. Die zuständige Führungsaufsichtsstelle beim Landgericht Freiburg genehmigt seinen Antrag, Freiburg zur Teilnahme an der Veranstaltung zu verlassen. Doch auf Veranlassung des Vorsitzenden des Württembergischen Verbands Bewährungs- und Straffälligenhilfe lädt die Akademie Ludwig Roser wieder aus. Der Vorsitzende des Verbands ist gleichzeitig Generalstaatsanwalt von Württemberg, und es liegt die Vermutung nahe, dass hier nicht zuletzt auch polizeiliche Interessen vertreten werden sollten. Dass ein Generalstaatsanwalt beruflich einen guten Draht zum Landeskriminalamt haben muss, ist naheliegend. Dass dies in dieser Weise Bildungsveranstaltungen beeinflusst, wirkt zumindest auf mich befremdend.

Ludwig Roser erlebt im ersten Jahr nach seiner Entlassung eine Reihe ähnlicher frustrierende Situationen. In vielen Gesprächen äußert er seine Enttäuschung darüber, aber nach wie vor ist er in der Lage, all das zu ertragen und nicht mit unangemessenen Aktionen zu reagieren. Im Gegenteil: Seit Jahren pflegt er einen Briefkontakt mit einer älteren Dame, die ihn auf diesem Weg in der Haft unterstützen und einen Kontakt „nach draußen" bieten wollte. Persönlich sind sie sich bisher nie begegnet. Seit der Entlassung hat sich der Kontakt über Telefonate noch intensiviert. Im Sommer 2011 ergibt sich die Situation, dass Ludwig Roser die Dame telefonisch nicht mehr erreichen kann. Nach zwei Tagen vergeblicher Kontaktversuche informiert Ludwig Roser Polizei und Notdienste vor Ort – die Dame lebt mehrere Hundert Kilometer von Freiburg entfernt. Man findet sie in hilfloser gesundheitlicher Situation vor, Schlimmeres kann gerade noch verhindert werden. Hätte Ludwig Roser nicht sozial und kompetent reagiert, wäre die Frau möglicherweise heute nicht mehr am Leben.

# Schwarzer Peter spielen

Es fragt sich, wie eine wirklich angemessene Reaktion der Politik auf die Entlassungen hätte aussehen können. Immerhin ist die Situation rechtlich eindeutig. Die Bundesrepublik Deutschland wird von einem internationalen Gerichtshof wegen Verletzung der Menschenrechtskonvention verurteilt. Beim Tatbestand handelt es sich um freiheitsentziehende Maßnahmen. Dieser Freiheitsentzug betraf etwa achtzig Inhaftierte in deutschen Gefängnissen und dauerte für diese teilweise über zehn Jahre. Der Emmendinger Strafrichter und Experte für Fragen der Sicherungsverwahrung, Thomas Ullenbruch, hat im Zusammenhang mit der Einlegung von Rechtsmitteln gegen das Straßburger Urteil durch die Bundesrepublik sogar eine mögliche Strafbarkeit von Amtsträgern ins Gespräch gebracht, wenn er in einem Kommentar im *Spiegel* schreibt: „Die Justizverwaltung begebe sich ‚in ein gefährliches Fahrwasser‘, wenn sie in diesen Fällen ‚pauschal Rechtsmittel einlegt, um Zeit zu gewinnen‘, da sich Amtsträger durch ein solches Vorgehen selbst strafbar machen könnten.‘‘[44]

Damit spielt Ullenbruch auf den § 345 Strafgesetzbuch an, in dem es heißt: „Wer als Amtsträger, der zur Mitwirkung bei der Vollstreckung einer Freiheitsstrafe, einer freiheitsentziehenden Maßregel der Besserung und Sicherung oder einer behördlichen Verwahrung berufen ist, eine solche Strafe, Maßregel oder Verwahrung vollstreckt, obwohl sie nach dem Gesetz nicht vollstreckt werden darf, wird mit Freiheitsstrafe von einem Jahr bis zu zehn Jahren, in minder schweren Fällen mit Freiheitsstrafe von drei Monaten bis zu fünf Jahren bestraft.‘‘

Auch wenn man nicht gleich an eine strafrechtliche Verfolgung von Richtern oder Politikern denkt, erscheinen die Nicht-

Reaktionen unangemessen. Von Verurteilten wird in aller Regel zumindest Einsicht erwartet. Schadenswiedergutmachung oder Entschuldigungen werden richterlich angeordnet. Sicherungsverwahrte können viel über Erwartungen erzählen, welche an sie wegen ihres Fehlverhaltens gestellt werden, vor allem Einsicht, Reue, Besserung, Therapie.

In seinem Kommentar „Völkerrechtliche Geisterfahrer" nennt Ullenbruch das Verhalten von Justiz und Politik eine besondere Art von Schwarzer-Peter-Spiel, das er so beschreibt: „ Es gibt drei Spieler: Den Bundesgesetzgeber, das Bundesverfassungsgericht und diejenigen OLG, die die Umsetzung der Straßburger Vorgaben ablehnen. Alle drei wissen, dass eine Entscheidung des EGMR a) an sich zeitnah umgesetzt werden muss, dies aber b) unpopulär ist und c) die Gefahr medialer Pranger-Prominenz birgt. Dem entsprechen die Spielregeln: Verloren hat, wer als erster ‚aus der Furche auftaucht' und ob der allfälligen Grundsatzentscheidung in entsprechend großbuchstabiger Presseberichterstattung geschlachtet wird."[45]

Seit August 2010 beobachte ich als Bewährungshelfer meiner Klienten dieses Spiel und sehe, dass Thomas Ullenbruch eine Reihe Mitspieler in seiner Aufzählung nicht erwähnt.

*Die Justizvollzugsanstalten*, die offensichtlich nach der nachträglichen Verlängerung der Sicherungsverwahrung seit 1998 in vielen Fällen alle Bemühungen um integrierende Maßnahmen einstellten, weil sie nicht mehr mit einer Entlassung rechneten. So wird zum Beispiel der Vorsitzende des Beirats der Freiburger Justizvollzugsanstalt, Wolfgang Müller, in der Zeitung *Der Sonntag* mit den Worten zitiert: „Der Freiburger Trakt der Sicherungsverwahrten ist ein apathischer Ort der Hoffnungslosigkeit".[46]

Die Schilderungen und eigene Erfahrungen aus sogenannten Entlasskonferenzen zeigen mir eher ein Bild der Stabübergabe für „Monster", als dass eine Entlassvorbereitung gemeinsam geplant und vorgenommen wird. Das geht so weit, dass die erste Lockerung bis in die konkret letzte Woche vor der Entlassung aufgeschoben wird.

*Die Strafvollstreckungskammern*, die die Anträge der Betroffenen auf Entlassung trotz des Urteils des Gerichtshofs in Straßburg mit knappen Begründungen ablehnen. Als die Entlassungen dann anstehen, werden schnell Beschlüsse zur Ausgestaltung der Führungsaufsicht erlassen, teilweise ohne die vorgesehene Anhörung der Betroffenen. Ein Richter der Strafvollstreckungskammer erklärte mir gegenüber, dass es schon sein könne, dass auf die Schnelle Beschlüsse gefasst wurden, die vielleicht nicht in allen Punkten haltbar seien. Aber zum einen habe das die Polizei so gewollt, und zum anderen gebe es ja die Möglichkeit des Klagewegs.

*Freiburgs Oberbürgermeister*, der als grüner Oberbürgermeister Verständnis für den korrekten Umgang mit Menschenrechten haben sollte. Aus seiner früheren Funktion als Strafvollzugsbeauftragter der Landtagsfraktion der Grünen hätte er auch Einblick in das Thema haben können. Als der damalige Freiburger Dompfarrer Claudius Stoffel in einer Predigt im Freiburger Münster die Situation der entlassenen Sicherungsverwahrten aufgreift und sich für deren Aufnahme in das Gemeinwesen einsetzt, erntet er Beifall, was der Redakteur der *Badischen Zeitung* als einen eher seltenen Fall beschreibt. Der Freiburger Oberbürgermeister wird in derselben Ausgabe der *Badischen Zeitung* mit Blick auf die entlassenen Sicherungsverwahrten so zitiert: „Sie haben ihre Strafe abgesessen. Jeder hat das Recht zu leben, egal, was er getan hat – und wir haben die Aufgabe, uns um die Menschen zu kümmern." Einen Tag nach der Veröffentlichung dieser Aussage lässt er sie, ebenfalls in der *Badischen Zeitung*, korrigieren und verweist auf die Verantwortung von Bund und Land.

Dass der Oberbürgermeister mit seiner ersten Aussage richtig lag und sich die Stadt Freiburg um die Versorgung und Aufnahme der entlassenen Männer kümmern muss, hätte er

mit einem kurzen Blick in Gesetze und Vorschriften feststellen
können. Für die Wohnungslosenhilfe ist die Kommune zuständig. Die abweisende Haltung des Oberbürgermeisters beeinflusst auch das Verhalten der ihm untergeordneten Mitarbeiter
in städtischen Einrichtungen und Behörden; dass diese den
Erwartungen ihres Vorgesetzten entsprechend reagieren, ist
nicht verwunderlich.

*Das Verwaltungsgericht*, das im August 2011 auf einen Antrag um Rechtsschutz wegen der immer noch andauernden
Observation zwar feststellt, dass die GZS KURS bei Ludwig
Roser eine abgeschwächte Tendenz in der Gefährlichkeitsein-
schätzung festgestellt habe, seinen Antrag aber dennoch ablehnt. Sogar der erwähnte Besuch im Seminar an der Katholischen Hochschule dient als Begründung für die Annahme
seiner Gefährlichkeit. Sachverständigengutachten mit Locke-
rungsvorschlägen finden keinen Eingang in die Entscheidung
des Verwaltungsgerichts. Die Sachkunde von Sozialarbeitsstu-
denten im dritten Semester scheint höher bewertet als gutach-
terliche Kompetenz. So nimmt auch das Verwaltungsgericht
den „Schwarzen Peter" nicht in die Hand.

*Die verantwortlichen Landespolitiker* sind abgetaucht. Vom
damaligen Justizminister ist seit der Entlassung der Sicherungsverwahrten nichts zu diesem Thema zu hören. Der Innenminister besucht Freiburg und hält Konferenzen ab. Er „will sich vor
Ort informieren"[47], was letztlich dazu führt, dass er und seine
Abgeordnetenkollegen andere Verantwortliche auf Bundes-
ebene, außerhalb ihres eigenen Verantwortungsbereichs suchen.

*Die damaligen Oppositionspolitiker im Landtag* haben es
einfacher, den „Kopf aus der Furche" zu halten. Die Abgeord-
nete Edith Sitzmann (Grüne) fordert anlässlich des Besuchs
des Innenministers, „dass die Landesregierung jetzt den Worten Taten folgen lassen und die Entlassenen mit angemesse-
nem Wohnraum versorgen muss. Hier bieten sich landeseigene
Immobilien an."[48] Leider sieht auch Edith Sitzmann die Zu-

ständigkeit der Stadt Freiburg für die Wohnraumversorgung der von Wohnsitzlosigkeit bedrohten Männer nicht. Ob sie ihre Auffassung über die Zuständigkeit des Landes immer noch vertritt, weiß ich nicht. Auf meine schriftliche Anfrage und mein Gesprächsangebot über die Situation der entlassenen Sicherungsverwahrten, die ich nach der für sie erfolgreichen Landtagswahl an sie gerichtet hatte, habe ich bis heute keine Antwort erhalten. Ebenso wenig von den beiden anderen Freiburger Abgeordneten der neuen Regierungskoalition. Anscheinend ist der „Platz in der Furche" beim Schwarzer-Peter-Spiel spätestens dann angesagt, wenn man als Politiker in der Verantwortung steht.

*Die Politiker im Bundestag*, die sich mit der Sicherungsverwahrung in der schon bekannten Aufgeregtheit beschäftigen. In allerkürzester Zeit wird ein „Gesetz zur Neuordnung der Sicherungsverwahrung und zu begleitenden Maßnahmen" in Angriff genommen. Das Gesetzgebungsverfahren wird in einer Eile durchgezogen, die auch Mitglieder des Rechtsausschusses betroffen macht. Trotz aller Bedenken wird das Gesetz beschlossen; für die Sicherungsverwahrten, die als sogenannte Parallelfälle nach dem Urteil des EGRM angesehen werden, ist von besonderer Bedeutung, dass sie nach dem sogenannten Therapieunterbringungsgesetz jetzt erneut in Verwahrung genommen werden könnten. Die Konstruktion erscheint abenteuerlich. Jetzt sollen Männer, die zum Zeitpunkt ihrer Verurteilung als gesund diagnostiziert waren, mit dem besonderen Merkmal der „psychischen Störung" versehen werden und in speziellen Einrichtungen untergebracht werden. Die Ärzte aus den Psychiatrischen Kliniken wehren sich von vornherein gegen die Unterbringung dieser „Patienten" in ihren Einrichtungen.[49] Manche nennen diesen Plan „Psychiatrisierung von Gesunden".

*Der Bundespräsident*, der als letzte Instanz den Verfassungsverstoß hätte verhindern können. Als ich mit Freiburger Juristen im Dezember 2010 die Möglichkeiten erörtere, die wir als Bürger haben, ein solches Gesetz doch noch zu stoppen, fordern wir den Bundespräsidenten auf, das Gesetz nicht zu unterzeichnen. Vielleicht erfolgte die Prüfung im Präsidialamt ähnlich intensiv wie die Beratung im Rechtsausschuss. Wir erhalten die lapidare Mitteilung, dass die Prüfung des Gesetzes keinen Anlass bot, es nicht in Kraft treten zu lassen. Noch jemand, der im Schwarzer-Peter-Spiel den Kopf weit unten „in der Furche" hält.

*Die Polizei*, die sich als Verlierer im „Schwarzer-Peter-Spiel" sieht. Zumindest greift der Freiburger Polizeidirektor Heiner Amann diese Metapher auf und meldet sich unter der Überschrift „Wir haben den Schwarzen Peter"[50] zu Wort. Er schreibt, dass die Polizei überlastet bis überfordert sei, wenn sie – zeitweise – bis zu sieben entlassene Sicherungsverwahrte observieren muss; zudem sei die psychische Belastung für die eingesetzten Beamten hoch.

Bis heute hat mir niemand erklärt, weshalb für diese Männer, älter und zum Teil gesundheitlich eingeschränkt, jeweils fünf Beamte bereitstehen müssen. Ist die Polizeiführung einer Dämonisierung aufgesessen? In Gesprächen mit Polizeibeamten, die mit der Observation meiner Klienten betraut waren, ist eher von einem unaufgeregten denn belastenden Dienst die Rede. Viele der eingesetzten Beamten bestätigten, dass sie lieber diesen Dienst versehen, als beispielsweise die Baustelle am Stuttgarter Hauptbahnhof zu bewachen.

Vielleicht haben aber auch personalstrategische Überlegungen eine Rolle gespielt. Selten bekommt die Polizei derart emotional besetzte Argumente für eine Aufstockung ihres Personals serviert wie in diesem Fall. Zu den Plänen der seit März 2011 regierenden grün-roten Koalition in Stuttgart gehört auch eine Stellenvermehrung bei der Polizei.

Ob der Europäische Gerichtshof für Menschenrechte die praktizierte Dauerüberwachung als der Menschenrechtskonvention genügend ansieht, ist offen. Der Rechtsweg dorthin hat allerdings in den grundsätzlichen Entscheidungen zur Sicherungsverwahrung runde zehn Jahre gedauert. Eine lange Zeit für die Betroffenen.

## Kritik aus der Fachwelt

Viele Fachleute, auch außerhalb der parlamentarischen Anhörung, haben sich kritisch zum Umgang mit den Sicherungsverwahrten geäußert. Beeindruckend ist die Liste der Unterzeichner unter den „Greifswalder Appell", für den der Kriminologe und Strafvollzugsexperte Prof. Dr. Frieder Dünkel verantwortlich zeichnet: Neben ihm haben ca. hundert Experten aus kriminologischer Wissenschaft und Praxis diesen Appell unterzeichnet. Sie fordern vor allem, besonnen und verantwortungsvoll zu handeln und beispielsweise für die ehemaligen Opfer qualitativ hochwertige Unterstützung bereitzustellen, den jetzt kurz vor der Entlassung stehenden Menschen dabei zu helfen, Wohnung und Arbeit zu finden, ihnen zumindest für den schwierigen Übergang in die Freiheit, bei Bedarf aber auch langfristig, schnell eine sozialpädagogische oder therapeutische Begleitung anzubieten. Die jeweils zuständige Führungsaufsicht soll angemessen ausgestattet und Unterstützung und Beratung durch geeignete Stellen gewährt werden.

Obwohl es sich um keine leichte Aufgaben handele, müsse unsere Gesellschaft zum Schutz unserer verfassungsrechtlichen Grundwerte mit der kritischen Situation leben, dass vereinzelt Menschen in die Freiheit entlassen werden, auch wenn sie im Hinblick auf ihre Rückfallgefahr nicht als vollkommen unbedenklich eingestuft werden können. Generell jedoch – so die Ergebnisse kriminologischer Forschung – bewahrheiten sich negative Rückfallprognosen bei Menschen, die schwere Straftaten begangen haben, oft nicht. Wir sollten uns davor hüten, diese und andere Ängste und Unsicherheiten auf die kleine Gruppe der nun zu entlassenden Sicherungsverwahrten zu konzentrieren. Stattdessen müssen wir gegen Entsolidarisierung und gesellschaftliche Verrohung eintreten, Tabuisierungen überwinden, uns mit den Ursachen delinquenten Verhaltens auseinandersetzen und problematischen Entwicklungen frühzeitig, aber klug und integrativ entgegenwirken. Dabei müssen wir Ausgrenzungen vermeiden und auch mit denjenigen, die anderen großes Leid zugefügt haben, verantwortungsvoller umgehen als bislang geschehen und ihnen eine realistische Chance auf Wiedereingliederung geben.[51]

In ähnlicher Art und Weise äußerten sich Fachverbände wie die Neue Richtervereinigung[52], der DBH – Fachverband für Soziale Arbeit, Strafrecht und Kriminalpolitik[53] oder eine Fachgruppe des Deutschen Richterbunds[54].

Der „Ziethener Kreis", der sich selbst als „eine parteipolitisch unabhängige Zusammenarbeit kriminalpolitisch engagierter Praktiker und Wissenschaftler" bezeichnet, wendet sich im Februar 2011 mit einer Erklärung unter der Überschrift „Etikettenschwindel bei der Sicherungsverwahrung: Ziethener Kreis für Sicherheit durch soziale Integration" an Politik und Fachwelt. In der Erklärung werden unsere dem Bundespräsidenten vorgetragenen Argumente benannt, aber auch „die Medienhatz" und die daraus folgende Pogromstimmung gegen die entlassenen Sicherungsverwahrten als außerordentlich problematisch bezeichnet. Ebenso halten die Verfasser eine für alle Bürger sichtbare dauerhafte Überwachung für stigmatisierend, herabwürdigend und einer beruflichen und privaten Integration diametral entgegenstehend. Entlassene, die derart in die Enge getrieben und massiv ausgegrenzt werden, liefen Gefahr, zu genau dem Risiko zu werden, das gerade vermieden werden sollte. Ohne solche Hetzkampagnen wäre die von ihnen ausgehende Gefahr relativ gering. Diejenigen Männer, bei denen Obergerichte trotz gutachterlicher Einschätzung als „gefährlich" eine nachträgliche Sicherungsverwahrung abgelehnt haben, seien nahezu ausnahmslos nicht schwer rückfällig geworden. Dies zeige die Unsicherheit, ja Unmöglichkeit von sicheren Gefährlichkeitsprognosen. Die Verfasser verweisen auf ihren Greifswalder Appell und fordern unter anderem die Aufhebung des Therapieunterbringungsgesetzes.[55]

Inzwischen ist das Therapieunterbringungsgesetz (ThUG) in Kraft und hat sich in der Praxis als so gut wie nicht anwendbar erwiesen. Bei der Fachtagung der Akademie in Bad Boll sahen sowohl der bisherige Justizminister Baden-Württembergs Dr. Ulrich Goll als auch der amtierende Justizminister Rainer Stickelberger das Gesetz als so gut wie tot an.

# Gerhard Kraus und Ludwig Roser: Ein Jahr nach der Entlassung

Gerhard Kraus und Ludwig Roser haben nach 35 beziehungsweise 26 Jahren Inhaftierung inzwischen ein Jahr in Freiheit verbracht. Sie wurden praktisch von heute auf morgen auf die Straße gestellt; für Gerhard Kraus gab es nicht einmal die Straße, er musste eine Art Gnadenunterkunft im Gefängnis beziehen.

In der Verwahrung hatte es bei beiden trotz gutachterlicher Vorschläge und gerichtlicher Rügen nur noch Stillstand gegeben. Gerhard Kraus hat nach seinem Schulabschluss in der Justizvollzugsanstalt keine Beschäftigung mehr ausgeübt. Der schulische Erfolg fand wenig Würdigung, obwohl dieser Schritt für ihn im Alter von über fünfzig Jahren und einer anzunehmenden Ferne und Abstand zu Schule und Lernen eine enorme Leistung bedeutete. Möglicherweise hat man ihn wegen seiner körperlichen Einschränkung als nicht mehr wirklich arbeitsfähig gesehen. Er selbst schien mehr oder weniger immer unauffälliger, war vielleicht auch eine Art Faktotum innerhalb der Anstalt und hat gelassen gewartet, was das Leben noch bringt.

Kompetenzen und Fähigkeiten wurden ihm schon fast mit Absolutheit abgesprochen. Ein Gutachter bezweifelte, ob das verantwortliche Behandlungspersonal noch „mit Herz" um ihn bemüht war. Doch wahrscheinlich war es keine Herzlosigkeit, sondern einfach Gewohnheit; man konnte sich nicht vorstellen, dass er im Leben bestehen könnte, erhielte er diese Chance. Er hat zum Gefängnis gehört wie ein Stück Inventar oder die Gitter vor den Fenstern.

Ab dem Tag der Entlassung blüht Gerhard Kraus auf. Er nimmt im Vergleich zu anderen Männern in derselben Situation die Dauerbegleitung durch die Polizei äußerlich gelassen hin. Manchmal scheint es, die Polizeibeamten seien seine Kollegen oder Freunde. Und er zeigt viele der Fähigkeiten und Kompetenzen, die man ihm zuvor komplett abgesprochen hat. Er kann nicht nur mit den Polizeibeamten angemessen umgehen, sondern auch mit dem ihm zugewiesenen Psychotherapeuten im Rahmen der Vorstellungsweisung guten Kontakt aufnehmen. Dasselbe mit mir als seinem Bewährungshelfer; selten erlebe ich im beruflichen Alltag einen Klienten, der jede Woche überpünktlich vor der Türe steht und sich darüber hinaus regelmäßig telefonisch bei mir meldet, wenn etwas unklar und zu besprechen ist. Er ist bereit, sich einem Therapeuten anzuvertrauen, der ihm nicht von der Justiz vorgegeben ist, und nutzt diesen vertrauensgeschützten Rahmen. 35 Jahre lang schien das nicht möglich. Seit beinahe einem Jahr legt er regelmäßig die Nachweise über die wahrgenommenen Therapiestunden vor und hat seinem Therapeuten Gutachten und Urteile zur Verfügung gestellt. Er ist mit mir als seinem Bewährungshelfer zu Gesprächen über sensible Themen bereit: Wo sind Risikofaktoren im alltäglichen Leben, wie sieht es mit Kontaktaufnahmen zu Frauen aus, wie ist Leben ohne Alkohol möglich? Bei seiner Vorgeschichte sind das mehr als heikle Themen, die wir miteinander bearbeiten können. Und er akzeptiert weitere Hilfsangebote zur Unterstützung; er nimmt den persönlichen Kontakt zu seiner Betreuerin wieder auf, stellt sich deren Fragen und besucht zumindest probeweise Gruppenabende der Anonymen Alkoholiker.

Seine Veränderungen sind äußerlich sichtbar. Er schneidet sich aus eigener Veranlassung die Haare; für ihn ein symbolischer Akt, den er mit den Worten „die alten Zöpfe müssen weg, ich bin heute ein anderer" umschreibt. Und er wundert sich nach einem Jahr, dass die Menschen nicht erkennen, wer er einmal war. In der medizinischen oder psychotherapeutischen Sprache würde man sein Verhalten im Kontakt mit allen seinen Helfern als von hoher Compliance geprägt beschreiben.

Dazu zeigt er seine „Alltagstauglichkeit" in vielen Details. Auch wenn er sich am Anfang noch manches zeigen lässt („Wie geht das mit dem Bankautomat?"), zeigt er eine hohe Aufnahmefähigkeit und Alltagsorientierung. Er kann mit seinem Geld umgehen und weiß, dass ihm in diesem Monat gerade noch 23 Euro fehlen. Wer im Bereich der Haftentlassenenhilfe tätig ist, kennt die Schwierigkeiten vieler Haftentlassener nach langen Inhaftierungszeiten im Umgang mit Geld.

Auch die kleinen Nebensächlichkeiten des Lebens beherrscht er: Man bringt etwas mit, wenn man eingeladen ist. Wenn ein Termin nicht passen sollte, kann man das sagen und einen anderen vereinbaren …

Auch Ludwig Roser zeigt sich nicht als Monster. Er hat einen anderen Weg gewählt. Für ihn war Schuldeinsicht keine Frage. Er bekennt sich als schuldig, sah vielleicht sogar seine Festnahme als eine Art Befreiung an. Endlich war es vorbei, sagt er. Er will sich das Leben nehmen, was misslingt. Man hält ihm die frühere Therapieeinweisung vor. Das hätte doch helfen müssen, er war doch in der Psychiatrischen Klinik. Dass er dort aber keine entsprechende Behandlung erhalten hat, stellt ein späterer Gutachter fest. Das nützt ihm nichts mehr, da ist er schon längst in der Sicherungsverwahrung.

Verantwortungsübernahme und Schuldeinsicht bedeuten für ihn allerdings nicht, dass er sich als rechtloses Objekt Justiz und Therapeuten ausgeliefert sieht. Er will Perspektiven für sich entwickeln, manchmal auch andere, als die Therapeuten für ihn sehen. Es geht um *sein* Leben und dessen Gestaltung. Er lernt, bildet sich, und das nicht nur schulisch. Er entwickelt sich zum Experten seiner Situation. Damit eckt er an. Das muss er mehrfach bitterlich erfahren. Manchmal bekommt er nach einem langen Gang durch die Instanzen Recht. Beispielsweise rügt das Oberlandesgericht Karlsruhe im August 2009 die Strafvollstreckungskammer beim Landgericht Freiburg und den von dieser zugezogenen Gutachter. Das Oberlandesgericht hat akribisch die vorgebrachte Beschwerde von Ludwig Roser überprüft und kommt zum Schluss, dass eine gesetzlich vorgesehene Überprüfung der Unterbringung in der Sicherungsverwahrung ohne rechtfertigende Gründe drei Jahre zu spät erfolgte. Oder dass ein Gutachter ausschließlich nach Aktenlage ein schriftliches Gutachten erstellte, das sogar von Mitarbeitern der Justizvollzugsanstalt in seiner Qualität angezweifelt wurde, und dass dieser Gutachter nicht mündlich angehört wurde, obwohl dies vorgeschrieben ist. Praktische Folgen hatten für Ludwig Roser solche „Erfolge" nicht. Man mag sich vorstellen, wie es in einem Menschen aussieht, der wegen seiner Taten verurteilt ist, sein Urteil annimmt und die Strafe verbüßt, dann feststellen muss, dass diejenigen, die für die Rechtmäßigkeit der Vollstreckung der angeordneten Strafe und Maßregel verantwortlich sind, mit einer derartigen Nachlässigkeit agieren.

Nach dieser Verfahrenslage durfte ich im September 2010 bei der Entlassung einen im Innersten verbitterten Menschen erwarten. Und ich begegne diesem verbitterten Menschen auch. Einem Menschen, der versucht, mich vom Unrecht, das ihm angetan wurde, zu überzeugen. Und er besitzt stapelweise Unterlagen, die vieles belegen, was ihn verletzt hat, was wahrscheinlich die meisten anderen Menschen in einer ähnlichen Situation auch verletzt hätte.

Trotzdem lässt er sich auf die von mir angebotene Kooperation ein. Und zeigt in vielen Situationen Charme, Witz und Humor. Auch wenn ihm mal wieder der „juristische Gaul" durchzugehen droht, reichen knappe Hinweise, um ihn zu stoppen. Er arrangiert sich mit einer Unterkunft, die ich und andere als unwürdige Zumutung bezeichnen. Mit den neuen Nachbarn findet er einen respektvollen Kontakt. Er hat einen

Beruf erlernt und früher sein eigenes Geld verdient. Das Angewiesensein auf Arbeitslosengeld II bedeutet eine ernste Prüfung, die er besteht. Und er stellt sich Fragen, auch ihm fremder Menschen. Fragen, die diese sich selbst, wenn überhaupt, wahrscheinlich nur im engsten, vertrauten Freundes- oder Familienkreis stellen lassen würden. Intime Fragen, die immer wieder Themen wie Schuld, Sühne, Reue, Sexualität und persönliche Veränderungen berühren. Wer sonst stellt sich solche Fragen oder beantwortet sie gar wildfremden Menschen?

Es belastet ihn, dass die Freiheit keine wirkliche Freiheit ist. Polizeiliche Eingriffe wie die Dauerobservation oder die „Betreuung" durch die Kriminalpolizei im Rahmen von KURS sind ihm ein Graus. Er ist sich sicher, dass er für niemanden mehr eine Gefahr darstellt. Hören will das niemand, es gibt ja seine dokumentierte Vorgeschichte.

Und trotz aller negativen Umstände lässt er sich auf eine psychotherapeutische Behandlung ein. Auch zu Arbeit ist er bereit, auch wenn in dieser Zeit nur eine Beschäftigung als Ein-Euro-Job in Betracht kommt. Er hatte innerlich damit abgeschlossen, jemals noch in Arbeit zu kommen. Einerseits resigniert, andererseits auch aus einer Art politischer Protesthaltung. Und er steht sicher nicht alleine mit der Auffassung, dass diese Ein-Euro-Jobs auch Vernichtungsmaßnahmen für reguläre Arbeitsplätze sind. Er ist informiert und weiß, dass einer der Verfechter des bedingungslosen Grundeinkommens, der Unternehmer Götz Werner, das aktuelle System unserer Sozialleistungen als eine Art offenen Strafvollzug bezeichnet. Trotzdem würde er sich darauf einlassen, wenn man ihn denn ließe. Sein Verhalten macht ihn für die Polizei unbequem. Vielleicht muss er seine Unbeugsamkeit büßen. Die im Vergleich mit anderen entlassenen Sicherungsverwahrten erkennbar härtere Einschätzung und Behandlung durch die Polizei ergibt sich zumindest für mich aus den vorliegenden Gutachten nicht.

Und es sah so aus, als ob andere dies auch sehen könnten. Bereits zwei Monate nach seiner Entlassung aus der Sicherungsverwahrung findet eine Konferenz statt, die sich mit Möglichkeiten der Veränderung im Umgang mit Ludwig Roser beschäftigen soll. Angeregt wurde diese Konferenz in einer Besprechung beim Leiter der Landespolizeidirektion Südbaden. Alle Beteiligten hatten dort nach Lösungen gesucht, die die Situation für die Polizei und für die dauerobservierten Männer erträglicher machen sollten. Man kam zum Schluss, dass am ehesten bei Ludwig Roser Veränderungen denkbar sind. Beauftragt mit der Prüfung werden der Bewährungshelfer, der Therapeut der Forensischen Ambulanz und der KURS-Koordinator der Polizei. Es soll eine Art „Lockerungskonferenz" stattfinden, wie sie in den Justizvollzugsanstalten die Regel sind.

Die Konferenz fand statt und im vereinbarten Protokoll, dem alle Beteiligten zustimmten und das auch Ludwig Roser erhielt, kommt man zur Einschätzung, dass „Ludwig Roser von allen Beteiligten als überaus kooperativ erlebt wird, zum Teil überraschend und entgegen der ursprünglichen Erwartungen. Er nimmt alle Termine wahr, hält sich an Weisungen und scheint selbst darum bemüht, sich zu integrieren. Sein Verhalten wird als günstige Basis gesehen, die bisherigen Maßnahmen zumindest zu überprüfen. Er erklärt sich auch ohne Einwände bereit, weitere Unterlagen an den Therapeuten der Forensischen Ambulanz herauszugeben, was er direkt im Anschluss an die Besprechung auch tut."

Aus diesen Erkenntnissen heraus regen die Teilnehmer der Konferenz an, „die Zahl der observierenden Beamten von fünf auf drei zu reduzieren, ihm die Wahrnehmung der Termine bei Bewährungshelfer und KURS-Koordinator und Forensischer Ambulanz ohne polizeiliche Begleitung, in einer Art Ausgang aus der Observation zu ermöglichen und nach zwei Monaten diese ‚Ausgänge' zu erweitern, falls Herr Roser sich dabei bewährt. Herr Roser gibt selbst die Anregung, dass er auch einen Ein-Euro-Job annehmen könnte."

Diese Planung wird mit Ludwig Roser besprochen, die Strafvollstreckungskammer und Führungsaufsichtsstelle erhalten die Anregungen zur Kenntnis. Doch der Vorsitzende der Forensischen Ambulanz nimmt Abstand von diesen Vorschlägen und distanziert sich von den Äußerungen seines Mitarbeiters. Den Probanden kennt er nicht und ist als Jurist auch nicht unbedingt für Diagnosen zuständig. Polizeidirektion, Führungsaufsichtsstelle oder Strafvollstreckungskammer reagieren nicht. Bis heute behandelt die Polizei Ludwig Roser wie zuvor und observiert ihn ‚rund um die Uhr‘, jeden Tag.

Ich bekomme immer mehr den Eindruck, dass die Polizei bei allem Reden über die Notwendigkeit von Kooperation darunter etwas anderes versteht als ich. Erwünscht und erwartet erscheint vor allem eine Form der „Zuarbeit", mit dem Ziel, den Einsatz der Polizei zu erleichtern. Welche Zumutung diese Zuarbeit und Zugeständnisse für Kooperationspartner und betroffene Klienten bedeuten, darf kein Thema sein. Und wird dies dennoch einmal thematisiert, steht man auf der „anderen Seite", wird vom vermeintlichen Kooperationspartner zum Gegner deklariert und „verfolgt". Zeitweise hatte ich nicht mehr die Klarheit, ob jetzt mein Klient vorrangiges Objekt der Überwachung ist, oder ob ich wegen meiner Arbeit mit dem Klienten in den kritischen Blick der Polizei komme. Beispielsweise hat die Polizei sich jederzeit das Recht herausgenommen, sich öffentlich zu den Klienten und der von der Polizei zu tragenden Belastung zu äußern. Äußerungen von meiner Seite zur Situation der Klienten werden in Dossiers gesammelt und als Beschwerdematerial beim Justizministerium oder meinen Vorgesetzten vorgebracht. Dass die Polizeidirektion die Aufhebung der Observation zweier meiner Klienten der Presse mitteilt und ich über die Presse hierüber informiert werde, scheint vollkommen normal. Ich antworte auf die telefonische Anfrage eines Journalisten, was ich davon halte, dass diese Überwachung aufgehoben ist, dass ich nichts dazu sagen könne, weil ich davon nichts wisse. Auf die Information des Journalisten, dass er das doch gerade von der Polizei erfahren habe, äußere ich, mich freue das für die Klienten, ich sei froh über die Erleichterung und ginge davon aus, dass die Polizei auch bei anderen Klienten Wege zur Lockerung finden werde. Dies wird in der örtlichen Zeitung online veröffentlicht und liegt innerhalb von wenigen Stunden als Beschwerde bei unserem Geschäftsführer und dem Justizministerium. Kritische Worte über die Polizei hatte ich nicht einmal formuliert.

Die Ausgrenzung meiner Klienten macht bei ihnen selbst nicht Halt. Es scheint so zu sein, dass im Grunde jeder, der ihnen auch nur freundlich oder verständnisvoll nahekommt, mit einem Bann belegt und an den Pranger gestellt wird.

Der Dokumentarfilm „Auf Teufel komm raus" beschreibt die Situation eines Mannes, der lange Zeit von der Polizei überwacht wird und in dem die aggressive Abwehr der Bevölkerung im Ort zum Ausdruck kommt. Dort geschieht Ähnliches. Der Bruder des Mannes, der ihn bei sich in der Familie aufgenommen hat, bekommt deshalb Schwierigkeiten mit dem Jugendamt. Plötzlich beginnt man an der Erziehungsfähigkeit der Familie zu zweifeln. Und nicht nur sie allein ist betroffen, auch Frauen aus dem Ort, die sich nach einiger Zeit zu einem Kontakt mit dem observierten Mann entschließen, machen dieselbe Erfahrung.[56]

Und auch im Fall der Klienten, die von Freiburg weggezogen sind und deren Situation durch eine Pogromstimmung im Dorf[57] unerträglich wird, werden andere Beteiligte mit angegriffen. Ihr Vermieter und dessen Frau werden angegangen, als hätten sie selbst ein Verbrechen begangen.

Ein Jahr nach der Entlassung von Gerhard Kraus und Ludwig Roser kann ich ein ambivalentes Resümee ziehen:

Richte ich meinen Blick auf die Klienten, sehe ich Männer mit schwierigen, außergewöhnlichen Lebensgeschichten. Sie haben schwere Straftaten begangen und dafür hart gebüßt; das Schwert der nachträglich verlängerten Sicherungsverwahrung hat sie getroffen. Ob sie zu ihren Taten standen, Therapiebereitschaft zeigten oder nicht, kooperierten oder nicht, spielte ab einem gewissen Punkt keine Rolle mehr. Je mehr Zeit vergangen war, desto unveränderbarer war das Bild, das sich die verantwortlichen Stellen von ihnen machten.

Manches erinnert mich erschreckend an das Experiment „Gesund in kranker Umgebung"[58] des Sozialpsychologen David Rosenhan. Dort wurden gesunde Menschen mit einer fiktiven Krankenakte in Psychiatrischen Kliniken untergebracht. Letztlich konnten sie nur mit Mühe wieder aus diesen befreit werden. Ihr gesamtes Verhalten und ihre Äußerungen wurden unter der Brille „psychische Krankheit" gedeutet. Es gab kein Entkommen. Ich hoffe, dass das so in den heutigen Psychiatrischen Kliniken nicht mehr möglich wäre. Aber dass meine Klienten in gewisser Weise in einer Falle stecken, wurde für mich offensichtlich. Dabei habe ich sie bei allen persönlichen Eigenheiten als anpassungs-, veränderungsbereit und kooperativ erleben können. Und dies unter äußeren Umständen, die jeden durchschnittlichen Bürger über den Rand seiner Belastbarkeit bringen könnten. Sie haben dies überwiegend mit Gelassenheit und teilweise sogar Humor ertragen.

Dies als Schwarzer-Peter-Spiel zu benennen, ist noch eine freundliche Metapher; nimmt es doch damit Bezug auf ein fröhliches, spannendes Spiel. Im Leben meiner Klienten aber greift es ihre Würde an, wenn sie zum Schwarzen Peter definiert werden. Ihr Ausschluss und die Abwehr ihnen gegenüber ist unerträglich und nicht mit dem Geist der Konvention der Menschenrechte vereinbar.

Die Menschenrechte sind von ihrer Natur her unteilbar und gelten für alle Menschen gleichermaßen. In einem Staat, in dem sich bei jeder Auslandsreise eines Politikers in ein Land mit zweifelhaftem Umgang mit den Menschenrechten Bürger die Frage stellen: „Spricht er auch in ausreichender Deutlichkeit die Praxis der Menschenrechte im Gastland an?", sollte menschenrechtliche Praxis im eigenen Land selbstredend vorbildlich sein.

# Was noch zu fragen wäre

*„Was wir brauchen, sind mehr Fragen!*

*Die Ernsthaftigkeit unseres Gegenstandes macht uns zu pedantisch und damit unfähig für völlig neue Denkansätze!"*

Nils Christie

Dass der Gegenstand meiner Überlegungen ein ernsthafter ist, wird niemand bezweifeln. Es geht um physische und psychische Unversehrtheit von Opfern und Tätern. Im Alltag sprechen wir von den „zwei Seiten einer Medaille". Ich erweitere dieses Bild um die dritte Seite. Sie können das selbst mit einer Münze testen: Stellen Sie sie auf einer glatten Fläche auf die dritte Seite, die es zwischen „Kopf und Zahl" gibt. Sie werden feststellen, es kann gelingen; Sie werden aber auch feststellen, dass Sie Ruhe, Geduld und eine sichere Hand brauchen, wenn das Experiment gelingen soll. Fällt die Münze um, ist der Blick auf eine der beiden Seiten verstellt.

Diese Geduld und sichere Hand wünsche ich mir im Umgang mit entlassenen Straftätern, besonders bei den als gefährlich angesehenen.

### Ändern sich Menschen?
Karl Kraus[59] wird der Satz zugeschrieben, dass „die Diagnose die schlimmste Krankheit sei". Sowohl in den Unterlagen über meine Klienten als auch in Gesprächen mit anderen Beteiligten spielt die Frage der Diagnose eine wesentliche Rolle. Es werden offensichtlich keine Mühen gescheut, um herauszufinden, „was das für einer ist".

Der Psychiater Manfred Lütz geht in seinem Buch „Irre! Wir behandeln die Falschen. Unser Problem sind die Normalen" davon aus, dass weit mehr Gefahr durch Straftaten von „Normopathen" denn von „Psychopathen" herrühre. Es sieht so aus, als würden wir mit der Suche nach der „richtigen" Diagnose, die ja auch immer wieder „richtige" Prognosen nach sich zieht, einen Irrweg gehen. Manches erinnert an die Geschichte vom Mann, der seinen Schlüssel in der Dunkelheit im Licht einer Straßenlaterne sucht und einem hilfsbereiten Mitmenschen erklärt, dass er den Schlüssel nicht unter der Laterne, sondern drüben, im Dunkeln verloren habe, dort sei aber kein Licht zum Suchen.

Nach den Untersuchungsergebnissen von Michael Alex ist nicht unbedingt davon auszugehen, dass wir den Schlüssel zur Lösung des Problems unter der Laterne der Prognosestellung finden können.

Wissen wir, wie wir einen Menschen ändern oder zur Veränderung bewegen können? Diese Frage dürfte eine der Grundfragen von Psychologie und Pädagogik in allen Zeiten gewesen sein und heute noch sein. Und ich glaube, sie ist letztlich nicht zu beantworten. Der Mensch ist ein zu komplexes Wesen und nicht trivial beeinflussbar. Was den einen nach hier bewegt, bringt den anderen nach dort. Auch die Evidenzforschung hat keine eindeutigen Erkenntnisse gebracht. Prof. Dr. Dr. h.c. Friedrich Lösel hat im Herbst 2010 auf dem Deutschen Jugendgerichtstag in Münster in beeindruckender Weise dargestellt, dass alle auf dem Markt angebotenen Programme und Methoden zur Verhaltensänderung bei straffälligen Jugendlichen ein klein wenig wirken. Die Unterschiede in der Wirkung sind marginal. Die abschließende Erkenntnis ist, dass harte Strafen und Maßnahmen eher schädlich wirken, während eine pädagogische Beziehung und Bindung nützt.

Diese Erkenntnisse sind nicht neu. Sie bedeuten, dass wir uns auf die Menschen einlassen und sie bei Veränderungsprozessen begleiten müssen. Mancher mag dies noch immer als romantische Vorstellung abtun, die wissenschaftlichen Erkenntnissen nicht standhalten könne.

In den letzten Jahren entwickelt sich die Hirnforschung zu einer Leitwissenschaft für andere Wissenschaftsbereiche. Einer ihrer bekanntesten Vertreter ist der Göttinger Neurobiologe Prof. Dr. Dr. Gerald Hüther. In seinem Buch „Was wir sind und was wir sein könnten. Ein neurobiologischer Mutmacher" geht er der Frage der menschlichen Veränderung nach, die er so beantwortet: „Was müsste passieren, damit Menschen ihre Gedanken auf ganz neue Wege schicken und neue Vorstellungen über das, worauf es im Leben ankommt, entwickeln können? Auch diese Frage ist inzwischen mit Hilfe der neuen Erkenntnisse der Hirnforscher recht leicht beantwortbar, wenngleich diese Erkenntnisse im Grund nur das bestätigen, was wir alle längst wissen: Es muss etwas passieren, d.h. eine Person muss etwas erleben oder erfahren, was ‚unter die Haut' geht. Es darf nicht so stark sein, dass sie gleich in Angst und Panik gerät. Es sollte das Gefühl vielleicht noch nicht einmal so eindringlich sein, dass es sie betroffen macht, sie also unter Umständen gar beschämt. Es müsste etwas sein, was sie im Innersten berührt oder anrührt. Und anrühren kann einen Menschen nur etwas, was eine alte Sehnsucht in ihm wiedererweckt, was etwas in ihm wachruft oder an etwas in ihm anknüpft, das ihm abhandengekommen oder was in seinem Hirn durch später gemachte Erfahrungen überlagert und damit verschüttet worden ist. (…) Wir müssten also einander mehr Mut machen, uns gegenseitig unterstützen und die Bemühungen anderer häufiger mit Anerkennung würdigen …"[60]

In der Beschreibung von Hedwig Schilling (s. Anhang), der langjährigen Begleiterin von Gerhard Kraus, scheint etwas durch, was dieser Erkenntnis entsprechen könnte: eine ermutigende und unterstützende Begegnung, die das Gegenüber respektiert, würdigt und an kritischen Stellen auch in Frage stellt.

Das heißt, wir müssen uns den Menschen nähern, von denen wir Veränderung erwarten und die wir fördern wollen. Wir müssen uns auf sie einlassen und sie eben nicht ausgrenzen und aus der Gemeinschaft verstoßen.

## Wie gehen wir mit unserer Angst um?

Angst scheint ein grundlegendes Gefühl unseres Lebens zu sein. In der Gesellschaft, in der wir leben, werden wir mit vielfältigen Ängsten konfrontiert: Angst vor Gewalt und Terror, vor Wirtschaftskrisen und Umweltkatastrophen, vor Arbeitslosigkeit und gesellschaftlichem Abstieg. Der Philosoph Klaus-Jürgen Grün geht dem Phänomen nach und berät Manager im Umgang mit Angst.[61] Er unterscheidet Angst von Furcht. Diesen Unterschied, obwohl einleuchtend und nachvollziehbar, machen wir im Alltag oft nicht. Angst ist ein Gefühl, das aus dem Nichtwissen entsteht, etwas, auf das das Bewusstsein keinen Zugriff hat. Nach Grün ist das Entscheidende der Angst, dass sie präsent ist, bevor das Fürchterliche eintritt. Und meistens ist sie da, obwohl es nichts Furchtbares gibt. Wir neigen dann dazu, Realität zu vermeiden, um so die Angst zu vertreiben. Das gaukelt uns eine sichere Realität vor. So vermeidet jemand mit einer Spinnenphobie den Kontakt mit Spinnen, jemand der Höhenangst hat, geht nicht auf einen Turm, und wer Angst vor dem Aufenthalt unter Menschen oder auf öffentlichen Plätzen hat, bleibt zu Hause. Trotzdem sind Spinnen, Berge, Türme, andere Menschen und öffentliche Plätze da – und in aller Regel ungefährlich.

Furcht beschreibt Grün als das unmittelbare Warnsignal, das Leben retten kann. Sie ist ein Schutzinstinkt, der unser Leben schützt. Wir können sie verstehen, rational erfassen und beschreiben. Wir wissen, dass ein Unwetter im Gebirge unsere Orientierung und Wandermöglichkeiten in bedrohlicher Weise einschränkt und suchen Unterschlupf. Wir wissen, dass wir im Dunkeln schlechter sehen und fahren mit dem Auto langsamer. In beiden Fällen ist dieses Verhalten rational nachvollziehbar. Und es ist nicht die Angst vor bösen Geistern, die im Dunkeln lauern könnten, oder vor dem Zorn Jupiters, der seinen Blitz auf uns schleudern und uns wegen einer Unbotmäßigkeit bestrafen will.

Grün geht davon aus, dass Gruppenängste aufgrund der Vernachlässigung der Wahrscheinlichkeit eines Risikos entstehen. Einerseits versäumen wir, wenn wir furchtlos sind, risikominimierende Vorkehrungen, andererseits erwarten wir aus angstbedingter Blindheit den Eintritt des schlimmsten denkbaren Falles. Das Maß der Angst ist niemals dem sie auslösenden realen Faktor geschuldet. Dieser Prozess steigert sich und wir sehen bestimmte Risiken als besonders wahrscheinlich an und wir orientieren uns innerlich auf den schlimmstmöglichen Fall, unabhängig von der Wahrscheinlichkeit, dass dieser eintritt.

Wenn man die Überlegungen von Grün mit dem Umgang mit den entlassenen Sicherungsverwahrten vergleicht, kann man zum Schluss kommen, der Autor habe deren Situation und den öffentlichen Umgang mit diesen als Fallbeispiel vor Augen gehabt.

Die von Grün entwickelte „Checkliste gegen Angst"[62] würde meines Erachtens ausreichen, um auch mit den als gefährlich bezeichneten Straftätern einen vernünftigen Umgang zu finden.

Die Bereitschaft zur Angst wird laut Grün durch die *Vernachlässigung von Wahrscheinlichkeiten* verstärkt. Die Vernachlässigung aller kriminologischen Erkenntnisse und Statistiken führt unsere Politik mit Unterstützung der Medien seit Jahren beispielhaft vor.

Vielfach entsteht laut Grün flächendeckende Angst durch ein *unverantwortliches Angstmanagement* von Verantwortungsträgern und Meinungsmachern. Dies ist bei den entlassenen Verwahrten in der Form von aufhetzender Informations-politik besonders deutlich an den Beispielen im Film „Auf Teufel komm raus" und im Bericht über die Situation in Insel zu sehen. In diesen Fällen haben Bürgermeister und Landrat in unverantwortlicher Weise Angst schürende Information oder besser Desinformation verbreitet.

Grün nennt den Mechanismus des sogenannten *Vorsorge-prinzips*. Dieses hat die Polizei exzessiv betrieben, als sie vor den Entlassungen der Sicherungsverwahrten nach „Vorsorge" ruft und Schreckensszenarien für den Fall entwarf, wenn nicht massiv vorgesorgt wird.

*Angst ist ansteckend.* Gruppen entwickeln ein höheres Angstniveau als Individuen. Dem ist schwer zu begegnen, wir müssten mit möglichst jedem Einzelnen über die Realität und die Differenz zu seinen Ängsten reden. Grün schließt seine Ausführungen mit Empfehlungen ab, die er von dem Psycho-logen Isaac Marks entlehnt hat: Angst ist unangenehm, aber selten gefährlich. Vermeiden Sie Flucht. Fördern Sie die Begeg-nung mit der Angst. Je länger Sie sich der Angst aussetzen, desto besser. Je schneller Sie sich mit dem Schlimmsten kon-frontieren, desto rascher wird Ihre Angst nachlassen.[63]

In dem Dokumentarfilm „Auf Teufel komm raus" setzen Frauen aus der verängstigten Bevölkerung diese Ratschläge um. Nach einiger Zeit der Unterstützung der protestierenden Gruppe der Bürger setzen sie sich besonnen zusammen. Sie erinnern sich an selbst erlittene Misshandlungen, über die sie bislang mit niemandem gesprochen hatten und beschließen, den Mann, den sie zuvor noch mit aus dem Ort vertreiben wollten, aufzusuchen und mit ihm zu sprechen. Im Film wird die Dichte dieser Gespräche ebenso deutlich wie das Nachlas-sen der Angst. Dass dieses Verhalten Mut und Zivilcourage braucht, merken die Frauen später deutlich, als sie den nega-tiven Reaktionen ihrer Mitbürger und öffentlicher Institutio-nen ausgesetzt sind.

## Was kann der Strafvollzug leisten?

Billy Meyer fragte mich, ob ich denn die Mitarbeiter im Strafvollzug für schlechte oder untaugliche Menschen halte. Ich konnte mit einem klaren Nein antworten. Ich habe viele als Kollegen kennengelernt, die ihre Arbeit gewissenhaft als wichtige Aufgabe angenommen haben.

Die Frage entspricht aber dem Zeitgeist: Wir haben uns angewöhnt, Dinge, die nicht funktionieren, als Problem zu individualisieren. Beim Flugzeugabsturz ist es für die Airline günstiger, der Pilot war das Problem, als dass man Mängel im System einräumt.

Diese Individualisierung von Problemen halte ich für falsch. Was den Strafvollzug angeht, hat seine bisherige Geschichte und Entwicklung gezeigt, dass seine strukturellen Bedingungen Fehlleistungen erzeugen, die nicht durch individuelle Fehler bedingt sind. Eindrücklich beschrieben hat das Erving Goffman in seiner Untersuchung „Asyle. Über die soziale Situation psychiatrischer Patienten und anderer Insassen".[64] Er beschreibt den Einfluss, den die Struktur der von ihm als „Totale Institution" bezeichneten Einrichtungen auf Insassen, aber auch auf die Mitarbeiter hat. Dies kann bei den Insassen Identitätsstörungen bewirken, bis hin zum Erleiden des „sozialen, bürgerlichen Tods". Einem therapeutischen Ansatz oder einer Behandlungsorientierung wirken solche Mechanismen diametral entgegen. Dementsprechend sind auch die fachlichen Analysen über die Entwicklung und Möglichkeiten des Strafvollzugs deprimierend. Dünkel und Maelicke konstatieren denn auch in einem Thesenpapier: „Ein umfassender Behandlungs- bzw. Resozialisierungsvollzug i.S.d. Strafvollzugsgesetzes ist in Deutschland – abgesehen von einzelnen sozialtherapeutischen Experimenten – nicht verwirklicht worden."[65]

Dass die strukturellen Bedingungen eines Gefängnisses die beteiligten Personen beeinflussen und sie zu Handlungen bewegen können, die sie außerhalb dieses absurden Systems nicht ausführen, sondern sogar verurteilen würden, hat der Psychologe Philip Zimbardo in einem Experiment aufgezeigt. Eine Gruppe Männer, die zuvor als psychisch unauffällige, durchschnittliche Bürger diagnostiziert war, wurde in ein künstliches Gefängnis verbracht und nach Zufallsprinzip in Gefangene und Aufsichtspersonal eingeteilt. Es entwickelten sich bei „ganz normalen Männern" Situationen und Verhaltensweisen, die von sadistischen Impulsen bis zu regressivem Rückfall in kindliches Verhalten reichten. Das Experiment musste vorzeitig abgebrochen werden. Mario Giordano hat diesen Stoff in einem Roman verarbeitet, der vom Regisseur Oliver Hirschbiegel verfilmt wurde. Und auch wenn Filme nur Fiktion sind, zeigt Hirschbiegel in beeindruckenden Szenen erschreckende Dynamiken, die Menschen in solchen geschlossenen Systemen entwickeln können. Die im Film dargestellte Brutalität kennt der deutsche Strafvollzug nicht, was aber in erster Linie daran liegen dürfte, dass Vorschriften und öffentliche Kontrollmechanismen so etwas verhindern. Dennoch sind Kräfte im Hintergrund vorhanden, die eine negative Dynamik auslösen können, auch wenn sie so, wie im Film gezeigt, nicht ausgelebt werden.

Die Statistiken über Rückfälle nach Inhaftierung liefern ein deprimierendes Bild. Im 2. Periodischen Sicherheitsbericht[66], den die Bundesregierung von namhaften Kriminologen 2006 erarbeiten ließ, heißt es: „Je härter die verhängte Sanktion, desto höher sind die Rückfallraten; am höchsten sind sie nach bedingter und unbedingter Jugendstrafe, vollstreckter Freiheitsstrafe sowie nach Jugendarrest." Und weiter zeige „dieser Befund, dass die härtere Sanktionierung nicht geeignet ist, ein bei schwereren Delikten angenommenes höheres Rückfallrisiko zu kompensieren."

Offensichtlich kann es der Strafvollzug nicht leisten, Behandlung oder Therapie durchzuführen. Er kann bestrafen und einsperren.

Als Gesellschaft werden wir hoffentlich einmal zur Erkenntnis kommen, dass Institutionen, die ihr Ziel nicht erreichen, nicht weiter mit einem so enormen Aufwand betrieben werden dürfen, wie wir heutzutage noch Gefängnisse unterhalten. So wie wir die Leibesstrafen früherer Zeiten oder anderer Kulturen als unzivilisiert empfinden, könnte eine uns nachfolgende Gesellschaft zum Schluss kommen, dass Menschen nicht in Gefängnissen „gehalten" werden dürfen. Die Konsequenz dieser Einsicht wäre deren Abschaffung.

# Was sind die Alternativen?

Wenn wir nach Alternativen für den Umgang mit den beschriebenen Tätern suchen, werden wir uns der Aufforderung nach mehr „Fragen und Offenheit für neue Denkansätze ohne verzweifeltes Festhalten am Bestehenden nicht verschließen dürfen" (Nils Christie). Das Denkgerüst zur Entwicklung solcher Alternativen hat Thomas Mathiesen mit seinem Konzept vom „Unfertigen" erarbeitet.[67] Er betont, dass eine Alternative nie fertig sein darf, dass sie immer die Balance suchen muss zwischen einer Anschlussfähigkeit an Bestehendes und der Fremdheit des Neuen. Nur so wird eine Alternative akzeptiert werden.

So theoretisch und abstrakt müssen Alternativen nicht sein. Es gibt bestehende Ansätze für einen anderen Umgang mit Tätern, die mit einer gefährlich wirkenden Vorgeschichte aus Sicherungsverwahrung oder sonstiger langer Inhaftierung entlassen werden.

## Freie Straffälligenhilfe – ein bewährtes Konzept

Bereits die frühere Praxis der Entlassung aus der Sicherungsverwahrung ist eine Alternative zum heutigen Umgang mit diesen Menschen. Vor der gesetzlichen Veränderungswelle wurden diese Männer wie andere Gefangene unspektakulär nach Ablauf der Höchstfrist der angeordneten Verwahrung entlassen. Ohne Medienspektakel und ohne polizeiliche Bewachung. Wahrscheinlich wusste die Polizei bis vor wenigen Jahren nicht einmal, wer wann entlassen wird. Trotz dieser unaufgeregten Vorgehensweise gab es keine besorgniserregende Zahl von Rückfällen und keine aufgeregten Nachbarn, die nach Verbannung oder Todesstrafe rufen. Es gab die Führungsaufsicht in weniger ausgeprägter Form als heute, und es gab die Einrichtungen der Freien Straffälligenhilfe, die diesen Männern ihre Unterstützungsangebote unterbreiteten und manche viele Jahre begleiteten. Es gab kein Verbot städtischer Wohnbaugesellschaften, diese Männer in ordentlichen Wohnungen unterzubringen. Die Arbeit der Integration und Betreuung wurde und wird von privaten Trägern mit oft geringer finanzieller Ausstattung geleistet. Wenn man heute über Alternativen im Umgang mit entlassenen Sicherungsverwahrten nachdenkt, sollten diese privaten Träger eingebunden werden; mit einer besseren finanziellen Ausstattung könnten sie noch vieles leisten; im Vergleich zu den Kosten der polizeilichen Dauerobservierungen wären die Investitionen geradezu lächerlich gering. Zudem ist in diesen Organisationen ein hoher Erfahrungsschatz und Sachverstand im Umgang mit als schwierig angesehenen Straftätern vorhanden, verknüpft mit viel ehrenamtlichem Engagement und der Bereitschaft, auch randständigen Personengruppen ohne starke Lobby zu helfen, und das, obwohl mit dem Engagement wenig Aussicht auf eine Wertschätzung in der Gesellschaft verbunden ist. Eine angemessene Würdigung und Unterstützung dieser Einrichtungen könnte eine Alternative zum jetzigen Umgang mit entlassenen Sicherungsverwahrten sein.

### Bewährungshilfe gewinnt an Qualität

Erfahrung und ein entsprechender Sachverstand sind auch in der Bewährungshilfe vorhanden. In den letzten Jahren fand hier eine qualitative Entwicklung statt, die in der Öffentlichkeit noch wenig gesehen und gewürdigt wird. Beispielhaft kann hier der Prozess genannt werden, der in Baden-Württemberg seit der Übertragung der Bewährungshilfe auf die NeuSTART gGmbH stattfindet. Die Arbeit mit als schwierig angesehenen Tätergruppen, unter anderem Sexualstraftätern, wird unter transparenten strukturellen Vorgaben durchgeführt. Die Bewährungshelfer werden speziell weitergebildet und leisten eine qualitativ hochwertige Arbeit mit den ihnen unterstellten Klienten. Ein Beleg hierfür ist, dass über achtzig Prozent der Klienten nach der Bewährungszeit ihre Strafe erlassen bekommen. Dass auch die Bewährungshilfe mehr gewürdigt und besser ausgestattet werden könnte, ist unbestritten.

## Neu: Forensische Ambulanzen

Nach langen Anläufen sind Forensische Ambulanzen in den Katalog der Führungsaufsichtsbestimmungen aufgenommen worden. Ihre Aufgabe umfasst die psychologisch-therapeutische Betreuung behandlungsbedürftiger Straftäter, auch nach deren Entlassung aus der Haft. Ohne diese Ambulanzen konnte eine Therapie nur in wenigen Fällen ambulant angeboten werden. Zum einen war die Kostenfrage unklar, zum anderen war es für einen Sexualstraftäter schwierig, einen Therapeuten zu finden, der ihn als Patient annimmt. Denn auch unter Therapeuten ist die Angst groß, im Falle eines Rückfalls als mitverantwortlich angesehen und „an den Pranger" gestellt zu werden, was letztlich zum beruflichen Ruin führen könnte. Wiedereingliederung von Straftätern in die Gesellschaft gelingt dann am besten, wenn die Resozialisierungsanstrengungen innerhalb und außerhalb des Vollzuges gut verzahnt sind. Die Forensischen Ambulanzen mit ihrer Arbeit sind daher ein wichtiger Beitrag zur Unterstützung nach der Haftentlassung.

## Warum nicht: Bürgerschaftliche Projekte

Wenn es gegen Angst hilft, sich den die Angst auslösenden Personen zu nähern, sich mit ihnen zu konfrontieren und in Kontakt zu sein, dann wird es auf Dauer nicht ausreichen, wenn ausschließlich Fachleute sich mit diesen beschäftigen.

Dies ist mit ein Grund, weshalb die NeuSTART gGmbH für die Bewährungshilfe einen strategischen Schwerpunkt ihrer Arbeit in der Einbeziehung ehrenamtlicher Bewährungshelfer sieht; auch wenn diese bislang nicht mit den auffälligen und schwierigen Tätern beauftragt werden.

Mein Kollege Billy Meyer ist ebenfalls ein Beispiel für das Konzept der Betreuung von Straftätern durch ehrenamtliche Bewährungshelfer. Er leistet diese Arbeit in Basel für den dortigen Verein Neustart, in dem ehrenamtlich Engagierte auf Bewährung verurteilte Straffällige unterstützen.

Ein weit über diese Beispiele hinausreichendes Projekt beschreibt Dr. Karl Peter Rotthaus, der lange Jahre in seiner Funktion als Präsident des Justizvollzugsamts Rheinland für den Strafvollzug Verantwortung trug. In seinem Bericht „Ein ungewöhnlicher Weg zur Wiedereingliederung gefährlicher Sexualstraftäter"[68] beschreibt er ein Projekt aus Kanada. Die Ausgangssituation war ähnlich wie bei den von mir beschriebenen Fällen: Lange Inhaftierung nach einem Sexualdelikt und große Ängste der Bevölkerung führten dazu, dass ein Täter nach der Entlassung keine Wohnung finden konnte. Die Angst und Empörung in der zukünftigen Nachbarschaft waren zu groß. Der Geistliche einer Mennoniten-Gemeinde gewinnt seine Gemeinde dazu, diesen Mann in ihrer Mitte aufzunehmen. Die Fachleute prognostizieren mit höchster Wahrscheinlichkeit einen baldigen Rückfall. Die Gemeinde bildet einen später „Circle of Support und Accountability (CoSA)" benannten Kreis, der für Unterstützung und Verantwortlichkeit sorgt; man trifft sich täglich, hilft bei alltäglichen Besorgungen und Problemen. Gleichzeitig vertritt der Geistliche nach außen die Position, dass seine Gemeinde es schafft, den Mann vor einem Rückfall zu bewahren. Er reagiert also anders als die verantwortlichen Bürgermeister in Randerath, Insel, Freiburg oder anderswo. Er entschärft mit seinem optimistischen Einsatz die Stimmung in der Bevölkerung. Es kam nicht zu den bei uns erlebten Pogromstimmungen, und die Gemeinde schaffte es, den Mann über Jahre zu integrieren. Das Konzept entwickelte sich weiter, die Laien zogen bei Bedarf professionelle Helfer wie Psychologen, Sozialarbeiter, Juristen und Polizisten bei. Die Kooperation ist erfolgreich und inzwischen gibt es nach Auskunft von Karl Peter Rotthaus über siebzig solcher CoSAs, die erfolgreich arbeiten.

Nach einem ähnlichen Prinzip betreut die freikirchliche Gefangenenhilfsorganisation „Schwarzes Kreuz"[69] Gefangene. Die Mitarbeiter besuchen Inhaftierte bereits im Gefängnis, halten dort Gruppenabende ab und nehmen Männer, die aus diesen Gruppen entlassen werden, in ihren Familien und ihrer Gemeinde auf; es kann auch ein entlassener Sicherungsverwahrter sein, der so wieder Anschluss an das Leben in Freiheit findet.

## Wie können wir das aushalten?

Bei allen Alternativen und bisherigen Anstrengungen werden wir als Gesellschaft aber damit leben müssen, dass Menschen anderen Menschen gefährlich werden, diese schwer verletzen und schädigen. Letztlich müssen wir diese „Abweichungen" im Interesse eines freiheitlichen Zusammenlebens aushalten und als Last des Lebens annehmen. Juli Zeh hat in ihrem Roman „Corpus Delicti. Ein Prozess" die Vision einer Gesellschaft entworfen, die Krankheit als Abweichung ausmerzen will. Wer sich in dieser Gesellschaft nicht an die strengen Gesundheits- und Wellnessprogramme hält, wird eliminiert. Die Gesellschaft hat sich zu einer Gesundheitsdiktatur gewandelt.

Wenn wir keine „Sicherheitsdiktatur" in Analogie zu Juli Zehs „Gesundheitsdiktatur" errichten wollen, bleibt der Weg des Aushaltens und des Nicht-Dämonisierens. Wir müssen die unterschiedlichsten Risiken als Lebensrisiken akzeptieren. Dazu gehören auch Sexualstraftaten. Oder die Risiken des Straßenverkehrs. Ein Beispiel: Die *Badische Zeitung* berichtet am 15. November 2010 unter der Überschrift „Unfallfahrer von Staufen zu einem Jahr auf Bewährung verurteilt". Das Gericht war nach Anhörung eines Verkehrsgutachters zum

Schluss gekommen, dass der Angeklagte, ein fünfzigjähriger Fahrer eines Pkws, wegen überhöhter Geschwindigkeit ein sechsjähriges Mädchen mit seinem Auto angefahren und so schwer verletzt hatte, dass das Kind an den Unfallfolgen starb. Es war frontal vom Auto erfasst und 37 Meter weit durch die Luft geschleudert worden. Das Urteil lautete auf ein Jahr Freiheitsstrafe mit Bewährung, ein dreimonatiges Fahrverbot und 1800.- Euro Geldstrafe. Der Fahrer sei schon mehrfach im Straßenverkehr auffällig geworden, habe auch zwangsweise nachgeschult werden müssen, weshalb eine Freiheitsstrafe zur Bewährung schuldangemessen sei. In der Berufungsverhandlung, über die die *Badische Zeitung* am 16. Juni 2011 berichtet, wird die Strafe auf neun Monate und das Fahrverbot auf einen Monat reduziert. Zu seinen Gunsten wurde das Eingeständnis, dass der Fahrer den Unfall durch überhöhte Geschwindigkeit verursacht hatte, als strafmindernd gewertet. Dass er seit der ersten Verhandlung weitere zwei Mal wegen überhöhter Geschwindigkeit und einmal wegen Überfahrens einer roten Ampel geblitzt wurde, war dem Gericht bekannt. Solche Urteile erscheinen milde im Vergleich zu Roser und Kraus; immerhin wurde ein Kind getötet.

### In welcher Gesellschaft wollen wir leben?

In seinem Eröffnungsvortrag zum 28. Deutschen Jugendgerichtstag beantwortet Christoph Flügge, deutscher Richter am Internationalen Gerichtshof für das frühere Jugoslawien in Den Haag, die Frage, ob man alle Versuche vergessen könne, dem übertriebenen Sicherheitsbestreben die Idee der Freiheit entgegenzusetzen, mit einem JA.

Er sieht in den westlichen Demokratien, die Demokratie und Rechtsstaat in die Welt verbreiten wollten, eine sicherheitspolitische Entwicklung, die er besorgniserregend nennt. Er führt als Beispiele die deutsche Anti-Terror-Datei, die Diskussion um die sogenannte „Rettungsfolter" und die Diskussion um die Sicherungsverwahrung an. Er zitiert den bayerischen Innenminister, der das einzig entscheidende Kriterium für die diskutierten Änderungen in der Gesetzgebung zur Sicherungsverwahrung darin sieht, dass rückfallgefährdete Schwerverbrecher nicht auf freien Fuß kommen. Verfassung und Menschenrechte kämen als Maßstab praktisch nicht mehr vor, und als Hoffnung blieben nur noch das Verfassungsgericht und der Europäische Menschenrechtsgerichtshof.[70]

Wir können auf den Menschenrechtsgerichtshof hoffen. Inzwischen scheinen mehr Bürger diese Hoffnung zu haben. So gab es im vergangenen Jahr mehrere Urteile des EGMR, in denen die Bundesrepublik gerügt wurde. Neben den Urteilen auf die Klagen der Sicherungsverwahrten erhielt ein Kölner Organist in Straßburg Recht in seiner Auseinandersetzung mit dem kirchlichen Arbeitsrecht, eine Berliner Altenpflegerin erstritt sich ihr Recht auf Meinungsfreiheit in Straßburg.

Würden solche Urteile gegen Russland, China oder andere Staaten ergehen, würden in unserem Land wahrscheinlich Wellen der Empörung hochschlagen. Wir, als aufgeklärte Gesellschaft, sollten uns entscheiden, ob wir es akzeptieren, dass unser Staat regelmäßig von Internationalen Gerichten wegen Menschenrechtsverletzungen gerügt wird. Wer sich über die aktuellen Angriffe auf unsere Freiheitsrechte informieren will, kann eine Zusammenstellung von Fällen bei Ilija Trojanow und Juli Zeh nachlesen.[71]

Aus all diesen Bedenken und Sorgen um die freiheitlichen Bürgerrechte wird meines Erachtens deutlich, dass es bei der Diskussion um die entlassenen Sicherungsverwahrten letztlich nicht nur um diese geht. Sie werden aber als eine zahlenmäßig kleine Gruppe, die weder eine Lobby hat noch irgendwelche Sympathien für sich gewinnen kann, benutzt, um Instrumente zu erproben, die später, nach einer gewissen Gewöhnung, auf weitere Gruppen übertragen werden können. Unter diesem Aspekt sollten alle, die die Wahrung der bürgerlichen Freiheitsrechte zum Ziel haben, kritisch auf den Umgang mit dieser hervorragend stigmatisierbaren Gruppe achten. Loïc Wacquant warnt für die amerikanische Kriminalpolitik genau vor dieser Gefahr. Und die von ihm beschriebenen Instrumente der Anprangerung und Stigmatisierung lassen für unser System noch viele Entwicklungsmöglichkeiten erwarten. Von daher gilt: „Wehret den Anfängen", bevor wir uns in einer Gesellschaft wiederfinden, die zumindest seit Ende des Zweiten Weltkriegs die Bürgerinnen und Bürger der Bundesrepublik Deutschland so nie mehr wollten und sicher auch nicht wollen.

# Das Ende der Sicherungsverwahrung

*„Wer die Freiheit aufgibt,*
*um Sicherheit zu gewinnen,*
*wird am Ende beides verlieren."*

*Benjamin Franklin*

Die Warnung Benjamin Franklins fasst zusammen, was ich versucht habe darzustellen. Man könnte jetzt der Ansicht sein, die Hoffnung von Christoph Flügge auf dem Jugendgerichtstag in Münster mit dem Verweis auf das Bundesverfassungsgericht sei gerechtfertigt gewesen, dieses habe ja seine freiheitswahrende Funktion mit dem überraschend klaren Urteil vom Mai 2011 erfüllt. Mir bleiben starke Zweifel, ob die Umsetzung dieses Urteiles zu einer neuen Praxis führen wird. Konsequent wäre die Abschaffung der zweifelhaften Instrumente, die vor allem der Dämonisierung von Sexualstraftätern dienen. Ich sehe vor allem drei:

- Das Therapieunterbringungsgesetz
- Die Verwaltungsvorschrift KURS und analoger Konzepte
- Die Sicherungsverwahrung selbst

## Abschaffung des Therapieunterbringungsgesetzes

Die aktuelle Landesregierung in Baden-Württemberg hätte die Möglichkeit, dessen Umsetzung nicht zu betreiben. Die Argumente gegen das Gesetz, das praktisch in einer Nacht- und Nebelaktion beschlossen wurde, sind vielfach benannt. So hätte der Bund wahrscheinlich die Gesetzgebungskompetenz in der Sache nicht gehabt, es ist zudem ein unzulässiges Spezialgesetz, das nur für eine im Voraus beschriebene, sehr kleine Personengruppe Geltung hat. Zudem ist die Frage der „psychischen Störung" bei zuvor als gesund deklarierten Menschen mehr als fragwürdig, und in der Umsetzung zeigt sich die Unmöglichkeit der geeigneten Unterbringung. Das Gesetz ist untauglich und sollte schnellstmöglich außer Kraft gesetzt werden.

Diese Auffassung vertrat auch der Vertreter des Justizministeriums Baden-Württemberg auf der erwähnten Fachtagung in Bad Boll, der ausführte, dass „der Anwendungsbereich des ThUG in Folge der Entscheidung des Bundesverfassungsgerichts gegen Null tendiere. Der Gesetzgeber müsse deshalb entscheiden, ob er die Regelung neben einem neu reformierten Recht der Sicherungsverwahrung nach dem 31. Mai 2013 überhaupt beibehält."[72]

### Abschaffung von HEADS, KURS und verwandter Konzepte

Prof. Dr. Günter Tondorf hat bei der Vereinigung der Deutschen Strafverteidiger unter dem Titel „Das HEADS-Konzept – ein Verstoß gegen das Grundgesetz"[73] die Verfassungswidrigkeit dieses Konzepts dargelegt. Er sieht in diesen Konzepten eine Modifikation der Führungsaufsicht „gleichsam unter der Hand und außerhalb des Strafgesetzbuches und der Strafprozessordnung".

Auf der bereits erwähnten Fachtagung in Bad Boll begründete der Freiburger Vorsitzende Richter am Landgericht a. D., Georg Royen, dies im Detail so: Kontrolle und Überwachung von aus der Haft Entlassenen seien ausschließlich Aufgabe der Strafjustiz mithilfe der Instrumente Führungsaufsicht und Bewährungshilfe. Für die Notwendigkeit einer Verzahnung von Führungsaufsicht und polizeirechtlichen Maßnahmen bestehe kein Anlass. Die Aufgaben der Führungsaufsichtsstelle seien durch Gesetze abschließend geregelt, die Übertragung von Aufgaben – wie die Einstufung als sogenannter Risikoproband – durch eine Verwaltungsvorschrift sei unzulässig. Führungsaufsichtsstelle und Bewährungshilfe unterliegen der Kontrolle der Strafvollstreckungskammer, nur ihr gegenüber bestehen Berichtspflichten. Der GZS-KURS fehlten die Kompetenz für legalprognostische Entscheidungen und das Verfahren sei nicht rechtsstaatlich. Die umfassende Informationsverpflichtung des Leiters der Führungsaufsichtsstelle, der Justizvollzugsanstalt und der Ärzte des Maßregelvollzugs gegenüber der GZS-KURS sei zudem datenschutzrechtlich unzulässig. Die in der Verordnung enthaltenen weiteren Berichtspflichten seien überflüssig, da bereits in der Strafprozessordnung und dem Strafgesetzbuch ohnehin abschließend geregelt. Außerdem brächten die angeordneten Maßnahmen durch die örtliche Polizei keine zusätzliche Sicherheit, führten zu unzumutbaren Belastungen der Entlassenen und behinderten deren Resozialisierungsbemühungen.[74]

Dem juristischen Sachverstand will ich nichts hinzufügen. Dass die Polizei inzwischen im Umgang mit den als gefährlich eingestuften entlassenen Klienten als „Herrin des Verfahrens" auftritt, hat sich mir in der Vergangenheit gezeigt.

### Abschaffung der Sicherungsverwahrung

Am 4. Mai 2011 hat das Bundesverfassungsgericht die Regelungen der Sicherungsverwahrung für rechtswidrig erklärt und innerhalb vorgegebener Fristen deren Neuregelung verlangt.[75] Weshalb dann jetzt noch die Forderung nach Abschaffung der Sicherungsverwahrung?

Das Verfassungsgericht hat als Vorgabe für die Neuregelung der Ausgestaltung der Sicherungsverwahrung Eckpunkte vorgegeben. Insbesondere sind dies:

*Ultima-Ratio-Prinzip*: Wenn Sicherungsverwahrung angeordnet oder vorbehalten ist, muss schon im vorangegangenen Strafvollzug alles getan werden, um die Gefährlichkeit des Täters zu verringern. Ihm müssen daher frühzeitig entsprechende Therapien angeboten werden.

*Individualisierungsgebot*: Auch in der Sicherungsverwahrung selbst müssen Therapien angeboten werden. Wenn Standardmaßnahmen nicht wirken, müssen individuell auf den Gefangenen abgestimmte Angebote gemacht werden. Ziel ist es, die Gefährlichkeit des Täters für die Allgemeinheit so zu verringern, dass die Sicherungsverwahrung möglichst bald beendet werden kann.

*Motivierungsgebot*: Oft resignieren Gefangene mit unbestimmter Haftdauer oder sie lehnen Therapien ab, weil sie sich als unschuldig bezeichnen. Auch in diesen Fällen sollen die Sicherungsverwahrten motiviert und ihre „Mitwirkungsbereitschaft" erreicht werden.

*Trennungsgebot*: Der Vollzug der Verwahrung soll „den allgemeinen Lebensbedingungen angepasst" werden. Die Sicherungsverwahrung soll sich deutlich von der Strafhaft unterscheiden.

*Minimierungsgebot*: Die Verfassungsrichter fordern, dass Sicherungsverwahrte auch gelegentlich das Gefängnis verlassen können müssten, um sich zur Vorbereitung auf die Entlassung zu erproben.

*Rechtsschutzgebot*: Der Rechtsschutz der Verwahrten soll deutlich verbessert werden. Das bedeutet, dass die Anstalten z. B. verpflichtet werden können, entsprechende Therapieangebote durchzuführen.

*Kontrollgebot*: Die Fortdauer der Sicherungsverwahrung soll deutlicher als bisher gerichtlich überprüft werden müssen.

Die Bundesministerin der Justiz, Sabine Leutheusser-Schnarrenberger, hat ein Eckpunktepapier vorgelegt und den Ländern zur Diskussion gestellt, welches die Vorgaben des Bundesverfassungsgerichts aufgreift.

Die Vorgaben des Bundesverfassungsgerichts für die Ausgestaltung der Sicherungsverwahrung sind keineswegs neu. Sie sind weitgehend identisch mit den Regelungen des Strafvollzugsgesetzes von 1977.

Auch dort heißt es im § 2: „Im Vollzug der Freiheitsstrafe soll der Gefangene fähig werden, künftig in sozialer Verantwortung ein Leben ohne Straftaten zu führen." Dieses Vollzugsziel entspricht dem *Ultima-Ratio-Prinzip*.

In den §§ 6 und 7 Strafvollzugsgesetz ist vorgegeben, dass eine Behandlungsuntersuchung erfolgen muss und ein individueller Behandlungsplan erstellt wird. Dies entspricht dem *Individualisierungsgebot*.

§ 4 StVollzG bestimmt, dass der Gefangene an der Gestaltung seiner Behandlung und an der Erreichung des Vollzugsziels mitwirkt. Seine Bereitschaft hierzu ist zu wecken und zu fördern. Dies entspricht dem *Motivierungsgebot*.

§ 3 schreibt vor, dass das Leben im Vollzug den allgemeinen Lebensverhältnissen soweit als möglich angeglichen werden soll und schädlichen Folgen des Freiheitsentzugs entgegenzuwirken ist. Das BVerfG und das Justizministerium nutzen 2011 eine fast identische Formulierung für das *Trennungsgebot*.

In den §§ 10 und 11 sind seit 1977 die Möglichkeit der Lockerungsgewährung und der Offene Vollzug vorgesehen. Kriminologen haben die Vorschriften so interpretiert, dass der Offene Vollzug der Regelvollzug sei. Dies entspricht dem *Minimierungsgebot*.

Die §§ 108 bis 121 des alten Strafvollzugsgesetzes befassen sich ausschließlich mit der Gestaltung des *Rechtsschutzes* der Gefangenen.

Nach dem geltenden Gesetz mussten die Gerichte schon bisher in festgelegten Zeitabständen die Fortdauer der Unterbringung in der Sicherungsverwahrung überprüfen, was dem *Kontrollgebot* entspricht.

Um dies für die Sicherungsverwahrung abzurunden, ist im § 129 ff des alten Strafvollzugsgesetzes festgelegt, dass die Bestimmungen auch für die Sicherungsverwahrten Geltung haben, und im § 134 wird darauf hingewiesen, dass zur Erprobung und Entlassungsvorbereitung Lockerungen gewährt werden sollen.

In der Bundesrepublik gibt es also seit 34 Jahren ein Strafvollzugsgesetz mit eindeutigen Bestimmungen, die bisher nicht umgesetzt werden. Ansonsten sähe sich das Bundesverfassungsgericht wohl kaum verpflichtet, auf genau diese Punkte so deutlich hinzuweisen.

Und diese 34 Jahre alten, nun neu formulierten Grundsätze sollen jetzt von den Einrichtungen verwirklicht werden, die diese so lange Zeit nicht umgesetzt haben? Auf die strukturellen Mechanismen und das Beharrungsvermögen der Gefängnisse habe ich hingewiesen. Diese werden auch zukünftig wirken. Nach meiner Einschätzung ist nicht damit zu rechnen, dass die geplanten Neuregelungen zu einer neuen Praxis führen.

Erste Zeichen der Verhinderung sind schon darin zu erkennen, dass einzelne Bundesländer und die Bundesjustizministerin bereits harsch um die Eckpunkte aus dem Entwurf der Justizministerin diskutieren. Für die CSU firmieren diese Eckpunkte unter der Überschrift „Wohlfühl'-Pläne für Vergewaltiger".[76] Und damit steht die CSU nicht alleine; ich kann mir schon jetzt Medienberichte unter der Überschrift „Hotelvollzug" vorstellen.

Deshalb mein Resümee: Wenn sich erwartbar nichts ändert, dann die Sicherungsverwahrung abschaffen statt Etikettenschwindel! Die Abschaffung der Sicherungsverwahrung könnte zumindest drei wesentliche Folgen mit sich bringen, die ich als außerordentlich positiv bewerte:

1. Die Zahl der Sexualdelikte würde nicht steigen, sondern weiter abnehmen, wie das die letzten Jahre schon der Fall war. Erklärungen, weshalb das so ist, sind schwierig. Denkbar ist, dass das heute durch die inzwischen standardmäßig eingesetzten DNA-Analysen höhere Entdeckungsrisiko relativ hoch ist und potenzielle Täter abschreckt. Aus kriminologischen Un-

tersuchungen ist bekannt, dass für viele Täter das Entdeckt-Werden an sich schwerer zu ertragen ist als die folgende Strafe.

2. Wenn es keine Sicherungsverwahrten mehr gibt, können diese auch nicht mehr dämonisiert werden. Im Jahr 1998 gab es etwa 170 Verwahrte in Deutschland. Jede vernünftige Überlegung widerspricht der Vorstellung, dass damit tatsächlich der „harte Kern" der gefährlichen Täter erfasst war. Gerade die aufgezeigte Unzuverlässigkeit von Gutachten spricht dafür, dass hier eine Zufallsauswahl getroffen ist. Und Therapeuten könnten ohne die bisherige Dämonisierung gelassener und damit aussichtsreicher mit diesen Tätern arbeiten.

3. Die Bundesrepublik und die Länder sparen viel Geld und können dies in Präventionsmaßnahmen investieren. Nicht zuletzt würde verhindert, dass unser Land erneut vor dem Pranger des Menschenrechtsgerichtshofs steht.

# Wollen Sie wirklich alles wissen?

Der Soziologe Heinrich Popitz hielt am 23. Januar 1967 an der Universität Freiburg einen Vortrag unter dem Titel „Über die Präventivwirkung des Nichtwissens".[77] Dieser Vortrag gilt inzwischen als Klassiker der soziologischen Literatur. Ausgehend von einer Glosse geht er der Frage nach, was denn wäre, wenn in Bezug auf Abweichung alle Mitglieder einer Gemeinschaft alles von allen wüssten. In der Geschichte kommt man mit dem Vollstrecken der Strafen nicht mehr nach, weil im Verborgenen weit mehr Verbrecherisches geschieht, als jemals ans Tageslicht kommt. Die Wirkung der Strafe beruht also mit darauf, dass wir nicht alles von allen wissen. Sie können gerne einmal für sich überlegen: Was wäre denn, wenn mein Chef, mein Nachbar ... alles von mir wüsste?

Oder gehen Sie doch die folgende Rechnung durch:

Opferverbände und Viktimologen gehen davon aus, dass in Deutschland jede siebte Frau im Lauf ihres Lebens Opfer eines sexuellen Übergriffs wird.

Nehmen wir einmal an, die Hälfte der Bevölkerung wären Frauen und davon wiederum etwa die Hälfte im Alter zwischen zwanzig und sechzig Jahren. Nach den Zahlen des Statistischen Bundesamtes sind das etwa 21 Millionen Frauen. Wenn jede siebte Frau Opfer eines sexuellen Übergriffs wird, dann sind drei Millionen Frauen in Deutschland Opfer solcher Delikte. Nun die schwierige Frage:

**Wie viele Täter gibt es unter uns?**
Wenn ein Täter jeweils nur eine Tat begeht = 3 Millionen Sexualstraftäter.

Wenn jeder Täter jeweils zwei Taten begeht = 1,5 Millionen Sexualstraftäter.

Wenn jeder Täter jeweils drei Taten begeht = 750 000 Sexualstraftäter.

Zurzeit sind etwa 500 Sicherungsverwahrte in Deutschland hinter Gefängnismauern. Wo sind die anderen Gefährlichen? Nach dieser Rechnung müssten noch mindestens 749 500 unerkannte Sexualstraftäter frei unter uns sein!

Glauben Sie wirklich, dass es auf die 500 entdeckten Täter ankommt? Und von diesen sind nach Prof. Nedopil etwa achtzig Prozent falsch als gefährlich prognostiziert, es sind also etwa 400 Menschen zu Unrecht in unseren Gefängnissen eingesperrt.

**Erhöht es wirklich Ihre Sicherheit,
wenn die verbliebenen 100 Männer
in Sicherungsverwahrung sind?**

**Oder müssen wir,
um unsere Freiheit zu erhalten,
deren Freiheit ertragen?**

# Bibliographie

Alex, Michael (2010). Nachträgliche Sicherungsverwahrung – ein rechtsstaatliches und kriminalpolitisches Debakel. Holzkirchen.

Beccaria, Cesare (1764/2005). Von den Verbrechen und von den Strafen. Berlin.

Christie, Niels (2005). Grenzen des Leids. 2. Auflage. Münster.

Goffman, Erving (1972). Asyle. Über die soziale Situation psychiatrischer Patienten und anderer Insassen. Frankfurt/Main.

Grün, Klaus-Jürgen (2009). Angst. Vom Nutzen eines gefürchteten Gefühls. Berlin.

Hüther, Gerald (2011). Was wir sind und was wir sein könnten. Ein neurobiologischer Mutmacher. Frankfurt/Main.

Hellmer, Joachim (1961). Der Gewohnheitsverbrecher und die Sicherungsverwahrung 1934 bis 1945. Berlin.

Lütz, Manfred (2009). Irre! Wir behandeln die Falschen. Unser Problem sind die Normalen. Gütersloh.

Mathiesen, Thomas (1993). Überwindet die Mauern! Die skandinavische Gefangenenbewegung als Modell Politischer Randgruppenarbeit. 2. Auflage. Bielefeld.

Maturana, Humberto R. / Varela, Francisco (1990). Der Baum der Erkenntnis. Die biologischen Wurzeln des menschlichen Erkennens. München.

Neubacher, Frank / Walter, Michael (Hg.) (2002). Sozialpsychologische Experimente in der Kriminologie. Münster.

Omer, Haim / Alon, Nahi / von Schlippe, Arist (2010). Feindbilder. Psychologie der Dämonisierung. Göttingen.

Pollähne, Helmut / Rohde, Irmgard (Hg.) (2010). Probleme unbefristeter Freiheitsentziehungen. Berlin.

Trojanow, Ilija / Zeh, Juli (2010). Angriff auf die Freiheit. Sicherheitswahn, Überwachungsstaat und der Abbau bürgerlicher Rechte. München.

Wacquant, Loïc (2009). Bestrafen der Armen. Zur neuen Regierung der sozialen Unsicherheit. Opladen.

Zeh, Juli (2009). Corpus Delicti. Ein Prozess. Frankfurt/Main.

# Anhang

## Erfahrungsbericht von Hedwig Schilling,
## ehrenamtliche Betreuerin

Gerhard Kraus und ich treffen zum ersten Mal im März 1998 zusammen in Begleitung eines Sozialarbeiters. Wir werden einander vorgestellt. Informationen über ihn und seine Straftat habe ich nicht gewünscht, da ich ihm unbefangen begegnen will. Voraussetzung dazu war, dass ich bei mir keine Vorbehalte gegen bestimmte Straftaten festgestellt habe.

Diese erste Begegnung geschieht mit der Möglichkeit für uns beide, anschließend (oder nach einem weiteren Treffen) die Begleitung abzulehnen oder anzunehmen.

Wir sitzen in einem Raum für Einzelbesuche. Die verglaste Tür ist vom Wachpersonal einsehbar. (Hier finden auch alle weiteren Besuche statt.)

Als das Gespräch zwischen uns – recht bald – im Fluss ist, lässt uns der Sozialarbeiter alleine.

# Verlauf der Begegnung   Wahrnehmungen

## Das erste Jahr (1998)

### Erste Begegnung

G.K. tritt mir entgegen, lang und schmal, graues Zottelhaar, der Mund zahnlos grinsend, schlaksig baumelnde Arme und mit heftiger Fahne. Um den Hals mehrere Silberketten, fast an jedem Finger ein Silberring mit Totenkopf, Schlange u.ä., kraftloser Händedruck.
Wir sprechen uns mit ‚Sie' an und mit Nachnamen.
Ich nenne meine Familiensituation, mein Alter und mein Angebot, einen Teil meiner freien Zeit (und nur dies!) zur Verfügung zu stellen.

Dann beginnt er sofort zu erzählen. Seine Zunge ist schwer vom Alkohol, seine Aussprache – ohne Zähne – gewöhnungsbedürftig. Dennoch spricht er schnell und sprudelnd in schwäbischem Dialekt. Ich erfahre von ihm:
Er ist 49 Jahre, seit 23 Jahren in Haft wegen einer Sexualstraftat, die er – nach seinen Worten – nicht begangen hat. Man hat sie ihm in einem Indizienprozess angehängt und er konnte sich keinen guten Anwalt leisten. Vorher waren andere Straftaten. Von 16–24 Jahren ist er mit kurzen Unterbrechungen bereits ständig in Haft.

Er ist das erste Kind einer asozialen Familie, die in Baracken haust. Sein leiblicher Vater ist amerikanischer Besatzungsoffizier; die Mutter – 17 Jahre alt, als sie von ihm schwanger wird – heiratet einen anderen Mann, der ihn als Sohn „in Kauf" nimmt.
Die Mutter lässt ihn von Anfang an wissen, wie sehr er ihr im Weg ist. Sie lehnt ihn ab und er ist ihr total gleich-

*Sein Aussehen, sein Zustand, sein Auftreten lösen bei mir zunächst Abwehr aus.*
*Sie lassen mich meine Motivation für dieses Ehrenamt innerlich noch einmal deutlich abklopfen.*

*Seine Geschichte klingt für mich wie eine wilde Mischung aus Wahrheit und Fantasie. Es scheint mir, er zieht alle Register, um mich zu beeindrucken.*
*Das weckt bei mir Skepsis und Misstrauen.*

*Ich weiß, dass viele Sexualstraftäter ihre Tat abspalten, sie wirklich aus der Erinnerung ausgeblendet haben.*

*Seine Lebensgeschichte rührt mich sehr an. Selbst wenn einiges übertrieben oder erfunden wäre, das abgelehnte ungeliebte Kind erschüttert mich.*
*Damit fällt bereits meine innere Entscheidung:*
*Ich bin bereit, die Begleitung anzunehmen.*

## Verlauf der Begegnung

## Wahrnehmungen

gültig. Die Familie lebt arm; die Eltern trinken beide – die Kinder (es folgen drei Geschwister) werden früh an Alkohol gewöhnt; G.K. trinkt und raucht seit dem 5. Lebensjahr; Stehlen gehört zum Überleben.

Mit 8 Jahren wird er vom Jugendamt aus der Familie in ein Heim gebracht, er gilt als schwer erziehbar.
Es folgt eine ‚Heimkarriere‘ (die Einrichtungen „eine schlimmer als die andere“), bis er mit 16 Jahren in Jugendhaft landet. Ab dann beginnt die ‚Knastkarriere‘.
Er hat keine Kontakte mehr nach draußen; seine Mutter erklärt ihn für tot, als er vor 24 Jahren in Haft kommt: Er sei bei einem Autounfall ums Leben gekommen. Ein Mithäftling erfährt dies auf Umwegen. Seitdem will er keinem Angehörigen mehr begegnen.
Die Eltern sind inzwischen verstorben. Das Gefängnisleben schildert er als ununterbrochene Erfahrung von Verachtung und Demütigung. „Die meisten vom Personal genießen es, ihren eigenen Frust an uns auszulassen! Wir sind der Abschaum der Gesellschaft und haben kein Anrecht, wie Menschen behandelt zu werden.“

Auf meine Frage, was er von mir erwartet, antwortet er fast bescheiden, er wünsche sich einfach einen Kontakt nach draußen und mit jemandem reden zu können, der nichts mit ‚diesem Laden‘ zu tun habe!
Am Ende dieses Besuches entscheiden wir beide, dass wir es miteinander versuchen wollen.

*Meine und seine Entscheidung für den Versuch eines „gemeinsamen Weges“ in der Begleitsituation stehen hiermit fest.*

*In Gesprächen mit erfahrenen BetreuerInnen kläre ich meine Haltung: Ich möchte diesem Menschen durch meine Besuche seine Menschenwürde erfahrbar machen, ganz gleich, was er getan hat, Das heißt, dass ich ihn ernst nehme. Was er mir berichtet, will ich anhören. Was ich nicht begreifen oder glauben kann, werde ich nachfragen.*

# Verlauf der Begegnung

# Wahrnehmungen

### Annäherung – die ersten Wochen

Bei den folgenden Besuchen – wöchentlich 90 Minuten – wirkt er gemäßigter. Vor allem hat er nicht getrunken. Aber er ist der Meinung, er sei mit Alkohol genauso klar wie ohne. Da erzähle ich ihm, wie ich ihn beim ersten Treffen erlebt habe und dass der Gestank für mich ziemlich widerlich war.

Allmählich erfahre ich weitere Einzelheiten aus seinem Leben.
Seine wilde Kindheit: Überall, wo man ihn einsperrt, bricht er aus (zu Hause und später in den Heimen), streunt durch Wald und Feld, haust in Höhlen, hortet gestohlene Schätze (Süßigkeiten, Zigaretten, Schnaps). Und er traut niemandem, weiht keinen in seine Geheimnisse ein.
Natürlich packt man ihn immer wieder; und jedes Mal werden die Strafen härter.
Dabei fällt mir auf, dass er auch die schmerzlichen Ereignisse vollkommen emotionslos erzählt. Als ich mich wundere, antwortet er nur: „Gefühle habe ich keine mehr, die habe ich mir schon ganz früh abgewöhnt, sonst hätte ich es nicht ausgehalten!"
Manchmal bitte ich, etwas zu wiederholen, wenn ich den Zusammenhang verliere.

*Meine Rückmeldung beeindruckt ihn. Es ist ihm fast peinlich, dass er mir die Fahne zugemutet hat.*

*Vor mir entsteht das Bild eines kleinen gehetzten, aber unendlich zähen Tieres, das – ständig auf der Lauer – von einem Schlupfloch ins nächste flieht.*

*Mein interessiertes Nachfragen wehrt er nie ab. Er habe nichts zu verbergen. Ich spüre, dass es ihn aufwertet. Jemand findet es wert, seine unerfreuliche Lebensgeschichte zu hören.*
*Seine Erzählweise ist zwar schlicht, aber anschaulich. Was er überstanden und erlebt hat, soll mich beeindrucken.*
*Er bemüht sich um gepflegte Sprache, vermeidet Gossen-Jargon. Ich nehme die Achtung wahr, die er mir damit entgegenbringt.*
*Es ist für mich überraschend, wie klar er seine Entwicklung einschätzt.*

*Wenn er von seiner begrenzten und mit Tricks erkämpften Freiheit von Tagen oder Stunden erzählt, leuchten seine Augen. Bis heute war sie für ihn das einzige Glück, das er kennenlernte.*
*Zunehmend wird deutlich, dass seine Berichte sich auch beim wiederholten Mal nicht verändern. Allmählich kann ich glauben, dass er mir nicht wissentlich oder vorsätzlich etwas Falsches erzählt.*

*Je mehr er mir von sich erzählt – und ich ohne zu bewerten zuhöre, wächst sein Vertrauen zu mir.*

## Verlauf der Begegnung

## Wahrnehmungen

*Ich habe ihm zugesagt, dass ich der Schweigepflicht unterstehe, es sei denn, er plane z.b. einen Anschlag.*

Parallel zu seinen Lebensberichten erfahre ich von seinem Leben im Gefängnis:
Sein großes Hobby, das Gobelin-Sticken. Er hat es sich in der Haft angeeignet, stickt Kissen, Bilder, Decken, macht Scherenschnitte und treibt damit Handel unter seinen Mitgefangenen.
Seine Zelle ist eine wohlgeordnete ‚Höhle' mit gesammelten ‚Schätzen'. Hier besuchen ihn viele Mitgefangene, die etwas brauchen oder nur ihr Herz ausschütten wollen. Er hört zu, trägt nichts weiter, gibt Rat und Hilfe, aber braucht und verteidigt sehr stark seine Privatsphäre. Einen Freund gibt es nicht. ‚Trauen kann man hier niemandem!'
Die mangelhafte Schulbildung hat er durch nachgeholten Hauptschulabschluss im Gefängnis ergänzt. Jetzt besucht er die Realschule, aber dort wird er nur freundlich geduldet. Eigentlich gehen die Anforderungen – so sieht er es auch – über sein Lernvermögen.
Sein Problem in Haft war bisher seine geballte Aggression, die sich – wenn er gereizt wurde, sehr gewalttätig entlud.

*Die Rolle, die er für seine Mitgefangenen wahrnimmt und die ausgeprägten handwerklichen Fähigkeiten machen ihn wohl – so stellt er sich dar – zu einem besonderen Insassen der Anstalt.*
*Er genießt Ansehen und Respekt, denn er gehört zu den ‚ganz Alten' (bzgl. der Haftzeit), ist hilfsbereit, aber zieht klare Grenzen.*

# Verlauf der Begegnung

# Wahrnehmungen

### Entwicklung von Beziehung

Mir fällt auf, dass er bei jedem Besuch anders gekleidet ist, bis er mir nach einiger Zeit alles ‚vorgeführt' hat. Ich sage ihm jedes Mal, dass ich es sehe. Er ist sehr stolz auf seine reichhaltige Garderobe.

*Obwohl sein Äußeres nach wie vor für mich eigentlich abstoßend ist, spielt es in der Begegnung kaum noch eine Rolle. Aber bei jedem Treffen nehme ich es immer wieder neu wahr. Gleichzeitig sehe ich auch, wie er bemüht ist, sich für mich ‚schön' zu machen.*

Ich mache mit ihm aus: Trinken nur, wenn kein Besuch ansteht. Ich wünsche mir einen nüchternen Gesprächspartner.

*Als wir uns kennenlernten, trank er fast täglich große Mengen hochprozentigen Alkohol.*
*Mit meinen regelmäßigen Besuchen sind Pausen notwendig.*
*Ich merke, dass es sehr wichtig für ihn ist, sich an die Abmachung zu halten. Stolz berichtet er von zunehmenden Alkoholpausen.*

Er weiht mich allmählich in viele Geheimnisse des Knastlebens ein; das Wichtigste davon: Most ansetzen und Schnaps brennen, ohne erwischt zu werden.

*Mit beinahe liebevoller Freundlichkeit erklärt er mir alles, was ich nicht verstehe oder kenne. Er spricht nicht herablassend zu einer ahnungslosen Braven, er macht mich eher zur Vertrauten, die ein paar Informationen braucht.*
*Dabei ist er zweifellos in der Rolle des Großen, der sich auskennt und voll ist von Tricks und Ideen, um schwierige Situationen zu meistern.*

Ich versuche die kritische Bemerkung: Aber trotz Schläue, Klugheit und tausend Tricks sitzen Sie die meiste Zeit ihres Lebens im Gefängnis!
Damit löse ich eine Lawine von Schuldsprüchen an ‚die ganze Welt' aus; er ist nur das Opfer von Ungerechtigkeiten und Gemeinheiten.
Gesetze sind nur dazu da, um zu schikanieren. Jeder muss selbst entscheiden, was für ihn richtig ist. Wenn jemand wenig zum Leben hat, muss er es sich von denen holen, die mehr haben, niemals hat er jemandem etwas wegge-

*Einen eigenen Anteil an seiner Geschichte kann er nicht sehen. Er ist voll von Hass gegen seine Mutter und alle, unter denen er sehr leiden musste. Die Verantwortung für seine Straftaten – sofern er zu ihnen steht – ist er nicht bereit zu übernehmen.*

*Eine Diskussion mit ihm ist unmöglich. Alles, was nicht in seine Vorstellung passt, rutscht an ihm herunter und rührt ihn nicht an.*
*Er hat sich innerlich verbarrikadiert.*

## Verlauf der Begegnung

## Wahrnehmungen

nommen, der arm ist! So eine seiner
‚Lebensweisheiten‘!
Als ich ihm meine Vorstellung dage-
genhalte, hört er lächelnd zu, wartet,
bis ich fertig bin und spricht von etwas
anderem.

Immer wieder betont G.K., dass er gerne schreibt, vor allem abschreibt. Vor
vielen Jahren hat er sich zum Zeitver-
treib die alte deutsche Schön-Schrift
beigebracht.
Nach ca. einem halben Jahr frage ich,
ob er seine Lebensgeschichte einmal
aufschreiben möchte. (Ich bitte darum,
nicht in Handschrift, da ich sie kaum
lesen kann)!

*Ich höre daraus:*
*Seine Schrift kann heute fast niemand*
*mehr lesen.*

*Er hebt sich ab, indem er sie beherrscht.*
*Und er grenzt sich ab; sie wird eine Art*
*Geheimschrift.*

Wenige Wochen später erhalte ich 27
sauber getippte Seiten (mit seiner alten
Schreibmaschine), Titel ‚Mein Leben in
Heimen und davor‘. Die Aufzeichnun-
gen enden mit dem Beginn der ersten
Haft.

*Beinahe alles kenne ich bereits aus sei-*
*nen Berichten. Jetzt erhalte ich die klare*
*zeitliche Abfolge. Auch hier gibt es keine*
*Emotionen, nur eine Aufzählung von Er-*
*eignissen in erstaunlich geschliffenem*
*Stil und relativ guter Rechtschreibung.*

*Auffallend ist für mich, dass dieser Be-*
*richt mit Beginn seines kriminellen Er-*
*wachsenenlebens endet.*

180

| Verlauf der Begegnung | Wahrnehmungen |
|---|---|

### Die Sexualstraftat als Thema

In der Zwischenzeit erzählt er mir von mehreren Sexualdelikten, für die er vor der Langzeithaft verurteilt wurde. Doch auch dabei handele es sich um gemeine Beschuldigungen. Nur als 16-Jähriger habe er einmal Blödsinn (versuchte Vergewaltigung) gemacht, der aber viel harmloser gewesen sei, was ihm jedoch niemand glaubte.

*Es wird für mich deutlich, dass er sich der Verantwortung nicht stellen will bzw. kann, wenn es um sexuelle Zusammenhänge geht. Wenn er diesen Bereich abgespalten hat, fehlen ihm ohnehin Wahrnehmung und Steuerung dazu.*

*Auf Diebstähle und Betrügereien ist er stolz, damit ‚sorgt er für mehr Gerechtigkeit'! Außerdem hat man ihn dabei selten erwischt!*
*Er erlebt sich nur als Opfer von Justiz und Frauen, die ihn beschuldigen.*

Ich sage ihm, dass ich nur hören kann, was er erzählt, ohne zu wissen, wie es wirklich war, dass ich deshalb auch keine Stellung beziehen werde.

*Es fällt mir nicht immer leicht, in dieser neutralen Haltung zu bleiben. Hilfreich ist, dass ich keine Einsicht in die Akten nehme, obwohl sie mir zustünde.*

Dann berichtet er von einem Film, den er im Unterricht sehen konnte: „Dead Man Walking – Sein letzter Gang". Ich verschweige, dass ich den Film kenne und lasse ihn den Inhalt erzählen. Es geht um einen zum Tod verurteilten Vergewaltiger und Mörder, der wochenlang von einer Nonne bis zur Hinrichtung begleitet wird, seine Tat leugnet, dann während der tödlichen Injektion die Tat gesteht und die Eltern des Opfers um Verzeihung bittet. G.K. erwähnt nur die Hinrichtung, nicht das Geständnis!

*Ein unglaublich harter Film, der mich vor zwei Jahren sehr erschüttert hat. Die eingeblendeten Szenen des Tathergangs waren für mich kaum auszuhalten.*

*Dass G.K. vom Geständnis nichts erwähnt, heißt für mich:*
*Entweder verschweigt er es absichtlich, weil es ihn beunruhigt, oder er hat es verdrängt, wie alles, was mit seiner Verantwortung für sexuelle Tatbestände zu tun hat.*
*Letzteres halte ich für wahrscheinlicher.*

Er erzählt den Inhalt wie einen nüchternen Zeitungsbericht; auf die Frage, wie es ihm dabei gegangen sei, antwortet er nur: langweilig.

*Ich bin innerlich entsetzt über seine Teilnahmslosigkeit und Kälte.*
*Gleichzeitig wird mir bewusst, wie „erstarrt" seine Seele sein muss. Nur durch diese Wahrnehmung kann ich weiter gut mit ihm umgehen.*

## Verlauf der Begegnung

## Wahrnehmungen

**Festgefahren** (nach ca. fünf Monaten)

Die Erinnerungen an sein Leben und viele Knastgeschichten durchziehen alle Gespräche. Noch immer tauchen neue Ereignisse auf.
Der Mutter, die ihn ‚verstoßen' hat, begegnet er – auf mein Nachfragen – mit Verachtung und Hass!
Zu seinem kriminellen und gewalttätigen Naturell gehört untrennbar sein Eintreten für Schwächere und Benachteiligte, allerdings auch mit brutaler Gewalt.
Meine Versuche, mit ihm nach legalen Lösungen auszuschauen, enden immer in seiner klaren Feststellung: Für mich gibt es keine andere! Andere Konfliktlösungen sind Zeichen von Schwäche!

*Diese Gefühle benennt er zwar, aber – wie er sagt – lassen ihn kalt. Ich kann auch keine Körpersignale beobachten.*

*Er wirkt auf mich innerlich so erstarrt, dass ihn auf der Gesprächsebene nichts erreichen oder berühren kann. Seine Haltung, die er wie eine Rüstung trägt, lässt alles abprallen.*

Seine Meinung über die Menschen und das Leben ‚draußen' äußert er in verallgemeinernden abfälligen Schablonen, mein Dagegenhalten wird großzügig lächelnd ‚ertragen'.
Von Zeit zu Zeit mache ich darauf aufmerksam, dass ich ‚draußen' bin und dass ich anderes erfahre.

*Ich erfahre von MitarbeiterInnen:*
*Der starke Realitätsverlust ist bei Langzeithäftlingen eine typische Folge ihres Abgeschnittenseins vom Leben.*
*G.K. bastelt sich aus Fernsehsendungen und Geschichten von Neuankömmlingen sein Weltbild und urteilt hemmungslos.*

*Jedes Mal, wenn ich etwas bewegen will bei ihm (es passiert mir immer noch), stoße ich auf Granit. Er kennt sich überall am besten aus. Seine Selbstüberschätzung scheint grenzenlos.*
*Sobald ich wieder begreife und ihn lasse, werden die Gespräche lebendig und offener.*

### Briefkontakt

Wenn ich in Ferien verreise, schreibe ich ihm, und er antwortet postwendend.

Seine Briefe sind Aufzählungen von Ereignissen und seinen festgelegten Meinungen, die Grußformeln nüchtern und höflich (er vergisst nie die Grüße an meinen Mann).

Meistens schreibt er auf von Hand verziertem Papier.

*Veränderung* (nach ca. acht Monaten)

G.K. trinkt zunehmend weniger – so seine Berichte. ‚Weil ich es nicht mehr so brauche!‘

Ihm seien das Geld und seine Gesundheit zu schade.

Obwohl er ständig mit kreativen Arbeiten (Sticken, Malen, Scherenschnitten, Schreiben und Kalligraphie beschäftigt ist, hält er die Besuchstage ‚arbeitsfrei‘. Er begründet das mit ‚es lohnt sich dann nicht, etwas anzufangen‘

Seit einiger Zeit macht er mir Geschenke: Scherenschnittkarten, Bilder, ‚Aus dem Leben eines Taugenichts‘ in Handschrift abgeschrieben (und dazu als freundliche Beigabe das Taschenbuch, damit ich mich beim Lesen nicht so plagen muss!)

Neben der handwerklichen Genauigkeit und Perfektion steht die beinahe rührende Naivität der Motive: Sein Kunstgeschmack scheint im Kindlichen stecken geblieben.

*Es geht für ihn offensichtlich nicht um die Briefinhalte, sondern um das Kontakthalten.*

*Die Aufzählungen sind ein deutlicher Spiegel seiner Struktur. Wahrnehmung und Ausdruck seines Gemütszustandes kommen da nicht vor.*

*Sie scheinen jedoch anzuklingen in seinem kreativen Gestalten.*

*Veränderung (nach ca. acht Monaten)*

*Ich nehme deutlich wahr, dass die Veränderung etwas mit meinen Besuchen zu tun hat.*

*Die regelmäßige Zuwendung tritt an die Stelle von tröstendem Schnaps, vielleicht uneingestandenes Aufgeregtsein (Vorfreude) am Besuchstag lässt ihn nicht arbeiten.*

*Das beflügelt einerseits meine Motivation weiterzumachen. Es fühlt sich an wie eine Belohnung.*

*Ich spüre aber auch eine wachsende Verantwortung.*

*Noch wichtiger als zu Beginn nehme ich meine Verlässlichkeit und Pünktlichkeit.*

*Mir wird deutlich: Es geht nicht eigentlich um die Gesprächsinhalte, sondern um meine Zuwendung. Sie wirkt!*

*Ich erlebe ‚das Kind‘, das der Mutter eine Freude machen und das gelobt werden will.*

*Auch wenn er von seinen Gefühlen abgeschnitten ist, sie suchen sich einen Ausdruck in diesen Geschenken.*

*Ich bewundere sein Können, ohne meinen eigenen Geschmack zu erklären.*

*Gleichzeitig sehe ich seine innere Tragik und Dramatik: hier die kindliche Seele, weich und lieb – und daneben der Stau von Hass und Rache.*

| Verlauf der Begegnung | Wahrnehmungen |
|---|---|

**Liebeserklärung** (Weihnachten 1998)

G.K. schenkt mir ein gesticktes Kissen mit einem rot flammenden Herzen. Sein Kommentar: Das hatte ich noch zufällig!

*Indem er es herunterspielt, kommt die Botschaft bei mir an. Ich weiß von erfahrenen Betreuerinnen, dass das Verlieben unweigerlich dazugehört. Für mich geht es jetzt um respektvollen Umgang mit seinen Signalen.*

Ich bewundere wieder die Kunst der Arbeit. Dann sage ich: Ich werde dem Kissen einen guten Platz geben.

*Meine Rückmeldung lässt ihn strahlen.*

*Zu Hause habe ich eine ‚Schatzkiste‘, in der ich Gerhards Geschenke zu sammeln beginne. Sie sind weit entfernt von den Dingen, mit denen ich mich gern umgebe. Aber ich habe das Gefühl: Die Schatzkiste ist ein würdiger Platz, wahrt gleichzeitig die gute Grenze zwischen ihm und mir, auch wenn er es so nicht verstehen könnte.*

Unsere Begegnungen sind freundlich, oft heiter.
Ich mache erste Versuche von Fantasiearbeit, lasse ihn bei den wenigen guten Erfahrungen in seinem Leben ‚ankern‘, mit Farben und Temperaturen, rege Visionen an, wie er sich sein Leben wünschen und gestalten möchte.

*Auf kurze Phasen kann er sich einlassen: innere Bilder steigen auf, er malt sie aus, auch wenn er zur tieferen Gefühlsebene keinen Zugang findet. Dennoch haben diese Arbeiten emotionale Qualität.*
*Bei den Visionen nehme ich eine große Sehnsucht wahr nach einem geordneten Leben in einer treuen Beziehung mit einer Frau.*

# Verlauf der Begegnung

# Wahrnehmungen

### Ein Jahr Begleitung – Rückschau

Ich schlage ihm eine kritische Rückschau auf das Jahr vor. Dazu schreibe ich einen detaillierten Fragebogen, für jeden ein Exemplar: Wie ging es mir mit ... (Zeit, Gespräch, Gegenüber ...)? Was war gut? Was nicht? ... usw.

G.K. geht gerne darauf ein. Wir beantworten die Fragen schriftlich „zu Hause" und lesen sie uns beim nächsten Mal vor.

Er beantwortet alles mit ‚großer Zufriedenheit'. Sein letzter Satz an mich: Wären sie noch frei, würde ich ihnen einen Antrag zum Heiraten machen. Wir würden uns sicher gut verstehen.

*Seine ‚Verliebtheit' – inwieweit er sie gefühlsmäßig wahrnimmt, vermag ich nicht zu sagen – drückt er hier sachlich und trocken aus.*

*Das gibt mir die Möglichkeit, mich freundlich lachend zu bedanken für das Kompliment.*

*Gleichzeitig beweist mir sein ‚Antrag', wie weit er entfernt ist von der Einschätzung der Realität.*

*Aber ich nehme auch seinen Respekt vor meiner privaten Situation wahr.*

185

## Verlauf der Begegnung

## Wahrnehmungen

### Das zweite Jahr (1999)

Die unterschiedlichen Themen des ersten Jahres tauchen immer wieder in anderen Zusammenhängen auf.

*Im Frühjahr 1999 wird für die Ehrenamtlichen eine monatliche Supervisionsgruppe eingerichtet. Für mich wird die Teilnahme zu einer wichtigen Begleitung!*

Er hofft, dass er nach Ablauf von 15 Jahren Haft + 10 Jahre Sicherungsverwahrung im Dezember 2001 entlassen wird.

Die Gesetzeslage spricht dagegen. Die Richter sind seit einigen Jahren befugt, je nach Einschätzung, die Sicherungsverwahrung zu verlängern. Ohne Therapie hat ein Sexualstraftäter keine Chance.

*Mir wird deutlich, dass er keine Notwendigkeit sieht, sich mit seinem Leben auseinanderzusetzen. Seine Einschätzung hält er durch: Er ist in Ordnung, die andern sind schuld an seinem Elend!*

*Meine Impulse, ihn zu mehr selbstkritischer Haltung anzuregen, laufen – wenn ich es richtig sehe – weitgehend ins Leere.*

Aber er will so lange Beschwerden schreiben, bis er frei kommt.

Weder bei ihm noch bei anderen, die mit seinem Fall beschäftigt sind, will und kann ich Einschätzungen über ihn äußern. Aber ich benenne seine Freundlichkeit, Pünktlichkeit und seinen Respekt vor mir.

*Erfreulich ist dennoch, dass Alkohol fast keine Rolle mehr für ihn spielt.*

*Auch schimmert manchmal eine friedfertigere Haltung durch, wenn es um Auseinandersetzungen geht.*

*Für eine Therapie – so die Meinung einiger Psychologen (selbst wenn er jetzt bereit dazu wäre) – sei es wohl zu spät.*

*Meine Begleitung sehe ich mehr denn je als lebenserleichternd.*

Er spricht keine Wünsche oder Erwartungen an mich aus, äußert vielmehr seine Dankbarkeit.

Dazu gehört, dass er mich nicht mit Tricks (wie es oft bei andern Häftlingen geschieht) für irgendwelche Geschäfte nach draußen benützen will.

*Er lebt im Rahmen seiner eigenen Moral mit vielen Werten, die ihm heilig sind.*

Religiös ist er so verletzt und geschädigt, dass er keinen Zugang zu einer Form von Spiritualität finden kann. Die Nonnen in den Kinderheimen haben ihn – so seine Berichte – im Namen Gottes und der Kirche geprügelt und gequält.

*Zu der schlimmen Kränkung durch die Mutter kommt diese Heim-Erfahrung als massive Verstärkung. Die frühen weiblich-mütterlichen Beziehungen verlaufen wohl fast ausschließlich negativ mit zerstörerischer Folge.*

186

# Verlauf der Begegnung     Wahrnehmungen

**Ein Tief** (Sommer 1999)

G.K. kommt angetrunken, schimpft, entwirft wilde Fantasien eines Blutbades, das er anrichten wird, wenn man ihn 2001 nicht frei lässt. Er zeigt Gefühl.
Ein Mithäftling hat sich ‚weggehängt'. (Eigentlich – so sagt er – berührt ihn das nicht. Aber seine Wut auf die Justiz und den Vollzug ist heftig: ‚Die wollen uns nur soweit bringen, aber wenn ich gehe, nehme ich noch ein paar (Vollzugsbeamte) mit!!!'

Gleichzeitig äußert er die Sinnlosigkeit und Hoffnungslosigkeit seiner Situation.
Er will frei sein, aber er hat auch Angst vor der Freiheit. Er hat den Anschluss an das Leben verloren, ist gesundheitlich angeschlagen ...

*Zum ersten Mal verliert er die Fassung. Der Selbstmord des Mitgefangenen hat ihn wohl erschüttert, ohne dass er es weiß.*
*In Ansätzen kann ich nachvollziehen, wie angestaute Wut sich in Gewalttaten explosionsartig Bahn bricht, wenn ein Mensch normalerweise keine Verbindung zu seinen Gefühlen hat.*

*Ich komme mir ziemlich hilflos vor.*
*Aber ich versuche nicht, ihm etwas auszureden.*
*So kann er in diesem Gespräch Druck ablassen.*
*Hier erinnere ich ihn an seine wichtige Rolle, die er offensichtlich für viele Mithäftlinge spielt.*

## Verlauf der Begegnung

## Wahrnehmungen

### Bewegung

Beim nächsten Besuch frage ich ihn, ob er mir ein paar Bilder sticken will, die ich ihm bezahle. Er sagt gerne zu. Ich gebe ihm einige Kunstkarten (Klee, Picasso) als Vorlagen.

*Seine Stimmung verändert sich, er genießt den Auftrag.*

Nach mehreren Wochen intensiver Arbeit erhalte ich ein Bild nach dem anderen, jedes in sehr sorgfältiger Ausführung. Auf die Frage nach dem Preis meint er, er sei froh, auch einmal etwas für mich tun zu können.
Ich bezahle ihn dann nach meinem Ermessen. Die Beträge überweise ich auf sein Konto; nur so darf er im Gefängnis Geld annehmen.

*Er hat wieder eine Bedeutung, durch seine Arbeit wird er wahrgenommen und geschätzt.*

Danach wendet er sich immer mehr dem Abschreiben von Geschichten und Büchern zu.
Ist eine Arbeit fertig, erhalte ich sie fein säuberlich in Handschrift. Also beginne ich, mich im Lesen der deutschen Schrift zu üben.
Über jede Geschichte, die er mitbringt, spreche ich später mit ihm: Was hat Sie am meisten beeindruckt? Wer wären Sie in dieser Geschichte? ...

*Ich ahne einen Zusammenhang:*
*Die Bilder, die er für mich stickte, passen nicht in seinen Geschmack. Er spürt den Kontrast und sucht nach Gemeinsamem. Das findet er in den Geschichten.*

*Die Gespräche führen immer in seine eigene Geschichte.*
*Auch wenn er nicht bewusst an seine Gefühle herankommt, er kann sie durch die Bilder der Geschichten zum Ausdruck bringen.*

Er schenkt mir ein kleines Büchlein mit handgeschriebenen Gedichten, viele davon sind selbstverfasst. Es sind Liebesgedichte, an ein ‚Du', sehnsuchtsvoll und schlicht, aber nicht peinlich.
Beim nächsten Mal würdige ich seinen Umgang mit Sprache, die ästhetische Gestaltung des Büchleins und frage, wann ihm diese Texte eingefallen sind: „Nachts, wenn ich nicht schlafen konnte, habe ich halt irgend was aufgeschrieben, was mir grad einfiel!"

*Als ich zu Hause lese und begreife, dass er mich meint, überlege ich mir sehr genau, wie ich reagieren will. Es geht mir um Wahrnehmen und Distanz ohne Kränkung.*

*Durch sein sachliches Berichten können wir hier gut einen Punkt machen.*

## Das dritte Jahr (2000)

### Flaute

G.Ks. Lebensgeschichte ist in vielfach wiederholter Weise Thema bei unseren Treffen gewesen, jetzt ist das Gespräch darüber so gut wie erschöpft.
Neue Themen tauchen selten auf. Wir treten auf der Stelle.
Mit Bildkarteien bringe ich manchmal neue ‚Farbe' in die Besuche. Annäherungen an Stimmungen in begrenztem Maß sind möglich, die Ausdauer, zu verweilen, ist bei ihm kurz.
Wir entscheiden miteinander, die Zeit auf eine Stunde zu beschränken.

*Aus unserer Begegnung ist ‚die Luft raus'.*
*Ich spüre Frust, Enttäuschung, dass er nicht weitergeht.*
*Die Besuche werden für mich anstrengender, wohl weil ich wieder mal auf ‚mehr' hoffe oder warte. Das kommt bei ihm an und er blockiert.*
*In der Supervision kann ich das erkennen.*
*Mir wird der geringe Spielraum bewusst, in dem G.K. sich überhaupt bewegen kann.*

Er ‚bastelt' gedanklich viel an möglicher Freilassung. Die zuständige Sozialarbeiterin versucht ihm seine geringen Chancen deutlich zu machen. Damit erklärt er auch sie – neben allen Vollzugsangestellten – endgültig zu seiner Feindin.

*Die zeitliche Eingrenzung ist für uns beide eine Hilfe.*

*Ich versuche, ihm die juristische Lage verständlicher zu machen – doch da macht er dicht.*

Ich mache ihm die Zusage:
Sollte seine Freilassung erfolgen, würde ich ihm behilflich sein beim Besuch von Ämtern usw.;
außerdem könnten wir uns weiter regelmäßig zu Gesprächen in einem Freiburger Café treffen.
Allerdings betone ich die Grenze zu meinem Privatleben, die ich einhalten werde.

*Natürlich spiele ich in Gedanken seine mögliche Freilassung durch.*
*Es gibt bei mir keine Angst vor ihm!*
*Außerdem: Menschen, die sich für ihn eingesetzt haben, genießen seine Dankbarkeit und seinen Schutz. Das weiß ich auch aus der Erfahrung anderer in ähnlichen Fällen.*
*Insofern ist mein Angebot ernst gemeint.*
*Sein Respekt vor meinen Wünschen und meiner Situation ist immer präsent. Ich verstehe es auch als Antwort auf die Haltung, mit der ich ihm begegne.*

## Verlauf der Begegnung

## Wahrnehmungen

### Auf Du und Du

Im Sommer übernehme ich die Drogengruppe in der Anstalt. Ich teile G.K. dies frühzeitig mit und schlage ihm jetzt das ‚Du' vor. In der Gruppe wird nur mit ‚Du' gearbeitet. Da er und ich sich aber viel länger kennen, kommt er an ‚erster Stelle'!

*Die Gruppe zu übernehmen, ist für mich eine neue Herausforderung, eine Aufgabe, die mich sehr interessiert.*
*Aber ich möchte verhindern, dass G.K. sich zurückgesetzt fühlt. Das würde seine alte Wunde empfindlich treffen.*
*Ich hoffe, dass er seine ‚Vorrangstellung' wahrnimmt!*
*Die neue Ebene bringt Entspannung in unsere Gespräche.*

| Verlauf der Begegnung | Wahrnehmungen |
|---|---|

### G.K. schreibt eigene Geschichten

Gegen Jahresende überrascht er mich mit der ersten Geschichte (in Handschrift!).

*Für mich ist die Geschichte eine ergreifende Vision von Heilung.*
*Er identifiziert sich mit dem kleinen Jungen.*

Sie handelt von einem kleinen Jungen, der in einer heilen Familie lebt. An seinem Geburtstag fängt er einen aus dem Zirkus entlaufenen Tiger liebevoll ein und bringt ihn zum Zirkus zurück. Danach ist er ein Held.

*Seine ganze Sehnsucht nach heiler Familie mit Liebe und Zuwendung und nach Bewundertwerden ist in seinen Bildern enthalten.*

Beim nächsten Besuch sprechen wir darüber.

*Der Umgang mit dem Tiger weist für mich unbewusst auf den Wunsch nach kontrollierter Sexualität hin. Diese Interpretation taucht in unserem Gespräch nicht auf. Wir bleiben nur auf der Bildebene.*

Es folgen weitere Geschichten, viele Seiten lang, die immer Visionen von heiler Welt schildern. Liebevolle Eltern und Lehrer – glückliche und hilfsbereite Kinder – kranke Tiere, die gerettet werden.

*Hier fantasiert er Kindheitsbilder, die er sich gewünscht hätte, die er nicht einmal ansatzweise selbst erlebt hat.*
*Im Gespräch bleibt G. immer im Kopf, aber ich gehe davon aus, dass allein das ‚Erfinden' der Geschichten heilsam sein kann.*

Dann schreibt er eine Erwachsenengeschichte:
Ein junger Mann zieht hinaus in die Welt. Er kommt auf ein Spuk-Schloss, renoviert es, beerdigt alte Gerippe, pflegt den verwilderten Friedhof, erlöst so das Schloss vom Spuk, trifft eine junge Frau, die bereit ist mit ihm hier zu leben. Sie heiraten und haben Kinder und sind glücklich.

*Er lässt sich ein, damit zu arbeiten.*
*Er identifiziert sich mit dem jungen Mann, beerdigt seine Eltern, gönnt ihnen den Frieden, pflegt die Gräber seiner Verwandten – nennt sie alle namentlich!*
*Das Gefühl für seine Eltern beschreibt er als altes morsches Holz, das zerfällt und zu Dünger = Erde wird.*
*Er schafft Ordnung wie bei einer ‚Familienaufstellung'.*
*Vor- und zurückschauend ist das für mich eine einmalige Sternstunde.*

# Verlauf der Begegnung

# Wahrnehmungen

## Das vierte Jahr (2001)

Eigene Geschichten gibt es kaum noch; G. beginnt, ‚Grimms Märchen' abzuschreiben.

*Ich bin sehr froh, dass er sich den Märchen zuwendet. Allein die ständige schriftliche Beschäftigung damit kann gut tun.*

Außerdem verfasst er überwiegend Anträge und Schreiben, die zum bevorstehenden Ende seiner ursprünglichen Haftzeit (Dezember 2001) wichtig werden.

Alle schriftlichen und mündlichen Kontakte mit Beamten und Gutachtern schildert er selbstbewusst fordernd. Er ist in Kampfstimmung.

Alle Einwände, Verzögerungen, Ablehnungen sind für ihn – wie schon früher – nur juristische Machtdemonstrationen: ‚Die machen mit uns doch was sie wollen!'

*Die Tätigkeit des Abschreibens hat für ihn ohnehin eine beruhigende Wirkung.*

*G. stellt sich nach wie vor nicht in Frage. Er kann nichts dafür – so seine Meinung –, dass die Justiz ihn und sein Leben zugrunde gerichtet hat.*

*Darüber gibt es für mich keine Gesprächsmöglichkeit mehr mit ihm. Ich sehe zu, wie er in seinem eigenen Gefängnis im Kreis läuft.*

# Verlauf der Begegnung

# Wahrnehmungen

## Ablösung – Distanz

Mitte des Jahres teilt G. mir mit, dass er nicht mehr regelmäßig besucht werden möchte. Die Kontrollen vor den Besuchen seien strenger und lästiger und ich müsse jedes Mal extra nach Freiburg kommen.

Er wünsche sich Briefkontakt, und wenn etwas Besonderes sei, könne er mich bitten zu kommen.

*Ich glaube, die Zeit unserer Beziehung, in der Bewegung für ihn möglich war, ist erschöpft.*

*Die ,freundliche Verschleierung' seiner Gründe nehme ich als rücksichtsvolle Geste wahr. Er will mich nicht kränken.*

*Die Kontaktaufnahme mit seiner Vergangenheit hatte vielleicht heilende Aspekte, aber die Wucht der Angst, des Schmerzes und der Wut scheint übermächtig. Seine ,Abwehrbastion' wirkt uneinnehmbar.*

Seit gut einem Jahr halten wir wöchentlichen Briefwechsel. Seine Schreiben sind freundlich, kurz und trocken – wie sie immer waren. Ich antworte, indem ich spiegele, was bei mir ankommt, frage nach, teile meine Meinung mit.

*Wir sind ein Stück seines Weges miteinander gegangen. Seine Sehnsucht und seine vielen ungestillten Bedürfnisse konnte ich freilich nicht stillen.*

*Vielleicht hat diese für ihn – so meine ich – notwendige Enttäuschung zu seiner Distanzierung geführt.*

*Sie hängt sich an die früheste Erfahrung an, nicht das zu bekommen, was er so dringend braucht, weil er immer noch in seiner Seele das kleine abgelehnte und tief verletzte Kind ist?!*

Einige Male fragte er an um einen Besuch.

Es gibt kaum noch Gesprächsthemen.

Seine Entlassung ist nicht in Aussicht. Er schreibt noch immer an ,Grimms Märchen'.

Wenn ich dienstags zur Drogengruppe gehe, steht er oben am Gitter und winkt.

*Ich sehe – auch im Nachhinein – keine Möglichkeiten, mit denen ich der Begleitung ,neues Leben' hätte ,einhauchen' können.*

*Die Distanz erscheint mir sinnvoll.*

November 2002, H. S.

Der Briefkontakt zwischen G.K. und mir pendelt sich in den folgenden Jahren bis November 2010 auf einen ca. Vier-Wochen-Rhythmus ein.
Diesen Abstand wähle ich für mich als stimmig. G.K. antwortet nach wie vor postwendend.

G.K. hat es bis heute geschafft, ganz auf Alkohol zu verzichten. Vielleicht gelingt es ihm auch allein dadurch, mit wachsender innerer Ruhe und friedvollerer Haltung seinen Weg weiter zu gehen.

Mai 2011, H. S.

# Danke

- An Gerhard Kraus und Ludwig Roser, für den Mut, ihre Lebenserfahrungen mitzuteilen und mir ihre Unterlagen zur Veröffentlichung zur Verfügung zu stellen.
- An Billy Meyer für die Ermutigungen, Fragen, Anregungen und die einfühlsamen Interviews mit Gerhard Kraus und Ludwig Roser.
- An Hedwig Schilling für den einfühlsamen Bericht, der mich in meiner Überzeugung bestärkte, dass Veränderungen möglich sind.
- An Volkmar Körner, Geschäftsführer, der NeuSTART gGmbH, für die Ermutigung zum Schreiben.
- An Hans-Jörg Albrecht für das einführende Vorwort.
- An meine Frau, die mich bei allem Stress ertragen hat und mir eine geduldige Korrekturleserin war.

# Anmerkungen

[1]  www.siebenzwerge.info

[2]  Christie, Nils (2005): „Grenzen des Leids" und Mathiesen, Thomas (1993): „Überwindet die Mauern"

[3]  www.neustart.org

[4]  Beccaria, Cesare (1764/2005): Von den Verbrechen und von den Strafen

[5]  Asprion, Peter (1999): Sozialarbeit und Justiz – immer wieder im Dilemma. In: Zeitschrift Bewährungshilfe; Jhrg. 46, 1–1989

[6]  Franz von Liszt (1851–1919): Versuchte, die Straftat durch Erforschung der Ursachen des Verhaltens des Straftäters zu erklären. Strafvollzug sollte nicht der Vergeltung, sondern der Besserung des Täters dienen

[7]  M – eine Stadt sucht einen Mörder (1931). Regie: Fritz Lang

[8]  Nach: http://de.wikipedia.org/wiki/M_–_Eine_Stadt_sucht_einen_Mörder

[9]  Spiess, Gerhard: Jugendkriminalität in Deutschland – zwischen Fakten und Dramatisierung. Kriminalstatistische und kriminologische Befunde. Internet-Publikation und Aktualisierungen unter www.uni-konstanz.de/rtf/gs/G.Spiess-Jugendkriminalitaet.htm

[10]  Kinzig, Jörg (2010): Die Entwicklungen der Gesetzgebung zur Sicherungsverwahrung und die damit verbundenen Auswirkungen auf ihre Klientel. In: Forensische Psychiatrie, Psychologie, Kriminologie. S. 48–59

[11]  SPIEGEL Online, 10. Mai 2004

[12]  Alex, Michael (2010): Nachträgliche Sicherungsverwahrung – ein rechtsstaatliches und kriminalpolitisches Debakel. Holzkirchen, S. 25

[13]  Wacquant, Loïc (2009): Bestrafen der Armen. Zur neuen Regierung der sozialen Unsicherheit. Opladen. S. 207

14 Sack, Fritz (2010): Strafe und herrsche. In: Der FREITAG, 15. Juli 2010

15 Omer, Haim / Alon, Nahi / von Schlippe, Arist (2010): Feindbilder. Psychologie der Dämonisierung. Göttingen

16 Ebd., S. 13

17 Maturana, Humberto R. / Varela, Francisco (1990): Der Baum der Erkenntnis. Die biologischen Wurzeln des menschlichen Erkennens. München

18 Taucht in späteren Gutachten so nicht mehr auf

19 Aus dem Urteil von 1979

20 Nach dem Urteil des Amtsgerichts von 1979

21 Aus dem Landgerichtsurteil, das die Sicherungsverwahrung anordnete

22 § 57 StGB sieht solche Möglichkeiten vor

23 Entlassung aus der Sicherungsverwahrung

24 Sexualstraftäter im Maßregelvollzug – Grundfragen ihrer therapeutischen Behandlung und der Sicherheit der Allgemeinheit. In: Monatsschrift für Kriminologie und Strafrechtsreform. Heft 3. Juni 1996

25 Nach einer Untersuchung der R u. V Versicherung; www.ruv.de/de/presse/download/pdf/aengste-der-deutschen-2010/20100909-aengste-der-deutschen-2010-heute.pdf

26 Aus dem Prognosegutachten von 2010 zu Ludwig Roser

27 Minority Report (2002). Regie: Steven Spielberg

28 Alex, Michael / Feltes, Thomas (2011): Sicherungsverwahrung – Die Gefahr wird extrem überschätzt. Vortrag Evangelische Akademie Bad Boll am 18./19. Juli 2011

29 Nedopil, Norbert (2005): Prognosen in der Forensischen Psychiatrie – Ein Handbuch für die Praxis. Lengerich

30 Badische Zeitung, 14. Januar 2011

31 Gutachten vom Januar 2010

32 Entlassung aus der Sicherungsverwahrung

[33] Gutachten vom Januar 2010

[34] Aus dem kriminalprognostischen Gutachten vom März 2009

[35] VwV KURS: Gemeinsame Verwaltungsvorschrift des Innenministeriums, des Justizministeriums und des Ministeriums für Arbeit und Soziales zu einer ressortübergreifenden Konzeption zum Umgang mit besonders rückfallgefährdeten Sexualstraftätern

[36] Aus der Stellungnahme der JVA zur Frage einer Entlassung aus der Sicherungsverwahrung

[37] Aus den Beschlüssen des Landgerichts Freiburg, September und Oktober 2010

[38] s. Anm. 35

[39] Ausschnitte einer Gesprächsaufzeichnung mit Polizeibeamten einer Observationsgruppe

[40] MDR, Sachsen-Anhalt heute, 18. August 2011

[41] www.fab-ka.de/

[42] FAZ, 4. Dezember 2010 „Kommt einer raus"; Stuttgarter Zeitung, 21. Januar 2011, „Die Freiheit ist unerreichbar nah"

[43] www.ev-akademie-boll.de/tagungen/details/520611.pdf

[44] DER SPIEGEL, 22/2010

[45] www.lto.de/de/html/nachrichten/1188/Voelkerrechtliche-Geisterfahrer/

[46] DER SONNTAG, Freiburg, 15. August 2010

[47] Badische Zeitung, 22. September 2010

[48] DER SONNTAG, Freiburg, 31. Oktober 2010

[49] Stellungnahme der Deutschen Gesellschaft für Soziale Psychiatrie e.V. zum Entwurf eines Gesetzes zur Neuordnung des Rechts der Sicherungsverwahrung – „Gesetz zur Therapierung und Unterbringung psychisch gestörter Gewalttäter" (ThUG): psychiatrie.de/data/pdf/09/0c/00/Stellungnahme_ThUG.pdf

[50] Badische Zeitung, 15. September 2010

51 Der komplette Text des Appells ist abrufbar unter: www.rsf.uni-greifswald.de/duenkel/publikationen/internet/greifswalder-appell.html

52 www.neuerichter.de/main.php?id=171&stellung_id=87&lv_id=&fg_id=6

53 dbh-online.de

54 www.drb.de/cms/index.php?id=678

55 www.rsf.uni-greifswald.de/duenkel/publikationen/internet/ziethener-kreis.html

56 „Auf Teufel komm raus" (2010) Kokon Film Produktion (Mareille Klein/Julie Kreuzer) im Auftrag des WDR.

57 MDR, Sachsen-Anhalt heute, 18.8.2011

58 In: Neubacher, Frank / Walter, Michael (Hg.) 2002. Sozialpsychologische Experimente in der Kriminologie. Münster

59 Karl Kraus (1874–1936): österreichischer Publizist, Satiriker, Lyriker, Aphoristiker, Dramatiker, ein scharfer Kritiker der Presse und des Hetzjournalismus

60 Hüther, Gerald (2011): Was wir sind und was wir sein könnten. Ein neurobiologischer Mutmacher. Frankfurt/M., S. 127

61 Grün, Klaus-Jürgen (2009): Angst. Vom Nutzen eines gefürchteten Gefühls. Berlin

62 Ebd., S. 304 ff.

63 Ebd., S. 325

64 Goffman, Erving (1972): Asyle. Über die soziale Situation psychiatrischer Patienten und anderer Insassen. Frankfurt/M.

65 www.rsf.uni-greifswald.de/fileadmin/mediapool/lehrstuehle/duenkel/ZiethenerKreisII.pdf

66 www.bmi.bund.de/SharedDocs/Downloads/DE/Veroeffentlichungen/2_periodischer_sicherheitsbericht_langfassung_de.pdf;jsessionid=504C35415017AF1B645B19515CAFF4A0.1_cid174?__blob=publicationFile

67 Mathiesen, Thomas (1993): Überwindet die Mauern! Die skandinavische Gefangenenbewegung als Modell Politischer Randgruppenarbeit. 2. Auflage. Bielefeld, S. 168 ff.

68  Rotthaus, Karl Peter (2009): Ein ungewöhnlicher Weg zur Wiedereingliederung gefährlicher Sexualstraftäter. In: Zeitschrift Bewährungshilfe 2/2009

69  www.naechstenliebe-befreit.de/

70  Flügge, Christoph (2010): Achtung (für) Menschenwürde. In: ZJJ – Zeitschrift für Jugendkriminalrecht und Jugendhilfe, 4-2010

71  Trojanow, Ilija / Zeh, Juli (2010): Angriff auf die Freiheit. Sicherheitswahn, Überwachungsstaat und der Abbau bürgerlicher Rechte. München

72  Ministerialdirigent Achim Brauneisen; Handout Fachtagung Bad Boll 18. Juli 2011

73  Tondorf, Günter (2010): Das HEADS-Konzept – ein Verstoß gegen das Grundgesetz. In: Pollähne, Helmut / Rohde, Irmgard (Hg.): Probleme unbefristeter Freiheitsentziehungen. Berlin

74  Tagungsunterlagen Bad Boll, 19. Juli 2011, s. Anm. 43

75  www.bundesverfassungsgericht.de/entscheidungen/ rs20110504_2bvr236509.html

76  Badische Zeitung, 23. Juli 2011: „CSU gegen „Wohlfühl“-Pläne für Vergewaltiger“

77  Popitz, Heinrich (1967): Über die Präventivwirkung des Nichtwissens. Dunkelziffer, Norm und Strafe. In: Recht und Staat in Geschichte und Gegenwart. Tübingen. S. 350–1968